1話3分

ども「名言」から考える科学の偉人伝

編 キッズトリビア倶楽部
絵 トリバタケハルノブ

えほんの杜

はじめに

みなさんが、普段使っているパソコンも、電話も、自動車も、
最初からこの世にあったわけではありません。
空を飛ぶ飛行機だって、部屋を明るくする電球だって、
誰かが発明したものです。まぁ、当たり前ですね。
地球が太陽の周りを回っている事も、動物が進化するという事も、
誰かが発見した事です。これも、当たり前ですね。

それでは、いったい誰がいつ発明・発見したのでしょう？
どのように、どんな考えで発明・発見したのでしょう？

この本では、歴史的な発明・発見をした偉人のエピソードとともに

彼らが残した言葉をたくさん紹介しています。
偉業を成し遂げた科学者たちの意外な一面や苦労話、
「なるほど！」と感心するひらめきの瞬間を知れば、
当たり前と思っていた物や事象も、これまでと違って見えてきます。
また、偉人たちの名言には
私たちの暮らしに活かせるヒントもあるでしょう。

どこから読んでも構いません。
まずは、気になる偉人や不思議に思う発明・発見のページを開き、
世界に影響を与えた偉業の知られざる秘話をお楽しみください。

1話3分 「名言」から考える こども科学の偉人伝

目次

第2章　医学・生物学

目次

第3章 技術・発明

第4章 天文学・数学・その他

私が遠くを見る事ができたのは、
巨人たちの肩に乗っていたからです

第1章
物理学

人生最大の
報酬とは、
知的な活動の
財産です

ロウソクのように、
自ら光り輝き、
みなさんの周りを
明るく照らしてください

アイデアの秘訣は、
執念である

挫折を経験した
事がない者は、
新しい事に挑戦した
事がないという事だ

我々は我々が
知らぬという事すら
知らぬ

運を捕まえられるかどうかは、
日頃から準備していたかどうかだ

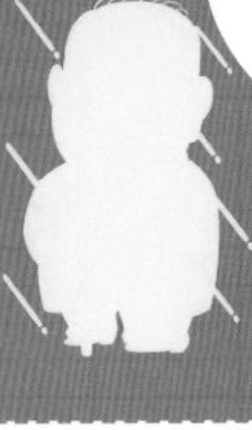

古代ギリシアの天才科学者

アルキメデス

アルキメデス（紀元前288頃-紀元前212頃）
「アルキメデスの原理」をはじめ、現代でも馴染み深い円周率や「てこの原理」など、多数の科学的証明を行った数学者、物理学者。

研究に没頭し過ぎて死亡!?

アルキメデスは紀元前3世紀にギリシアで活躍した科学者。２０００年以上前の時代にもかかわらず、彼の数々の発見は後世に大きな影響を与えたものばかりなんだ。

アルキメデスの有名な功績と言えば、その名もズバリ「アルキメデスの原理」！　本人の名前もつけられた浮力に関するこの法則、思いついた際のエピソードも有名なんだよ。

金細工師に金の王冠を作らせた王様は「王冠に銀を混ぜてごまかしているかも？」と疑い、王冠が金だけで出来ているかを調べてくれとアルキメデスに依頼するんだ。頼まれたアルキメデスはどうしたものかと悩んだ。王冠に銀が混ざっているかなんてわかりようがない。色々と実験を試して王冠を調べるんだけど、思ったような結果が得られず困り果ててしまったんだって。

それでも、あきらめないのがアルキメデス。わからない事があるというのが納得いかないんだろうね。一日中、王冠の事ばかり考えるようになったんだ。

ある日、王冠について悩みながら入浴していたところ、浴槽からお湯があふれた。その様子を見て、アルキメデスはひらめいた。「王冠が金だけで作られたのなら、王冠と王冠に使われたのと同じ量の金塊を水に沈めれば、

あふれる水の量も同じになるはずだ」

感極まったアルキメデスはお風呂を飛び出し、服を着るのも忘れて、「ヘウレーカ（わかったぞ）！」と叫びながら裸で街を駆け回ったそうだよ。まぁ、それだけ悩んでいたって事だね。街の人は驚いたでしょう。

シーソーやハサミでお馴染みの「てこの原理」もアルキメデスが証明した理論。棒の両側に重さの違うおもりを乗せ、支点の位置次第で重さが違っても釣り合う事を証明したんだ。その時、「私に支点を与えれば、地球も動かしてみせよう」と言ったそうだよ。いちいち、おおげさなアルキメデスだね。

頭の中の思案と、何度も重ねる実験、そし

て答えを導こうとする集中力で様々な発見をしたアルキメデス。その最期も彼らしいものだった。

　ローマ軍と戦争中にもかかわらず、アルキメデスは地面に幾何学の図形を描き、考えを巡らせていたんだ。そこをローマ兵に見つかってしまうのだけど、実はローマ兵には「アルキメデスを殺すな」という命令が出ていたんだ。ローマ軍の将軍はアルキメデスの優秀さを知っていて、彼だけは助けようと考えていたんだって。良かったね、アルキメデス……とはならなかったんだ。

「お前はアルキメデスか？」とローマ兵は尋ねるが、アルキメデスは答えない。なんと、研究に没頭し過ぎて、兵の存在に気づいていなかったんだ。無視されたローマ兵は怒ってアルキメデスを刺殺してしまう。

　そんなに没頭していなければ命は助かったかもしれないけど、戦争中でも研究に没頭するほどの探究心が数々の発見を生んだのかもしれないね。

ここで アルキメデスの名言！

我々は我々が知らぬという事すら知らぬ

知れば知るほど、未知の領域が見えてくる。学問や研究に終わりはなく、アルキメデスのように知的好奇心が旺盛ならば、いつまでも刺激的で偉大な発見が出来るんだ。

アルキメデスの原理とは？

水中にある物体Aは、
物体Aの体積の水の重量と等しい浮力を受ける

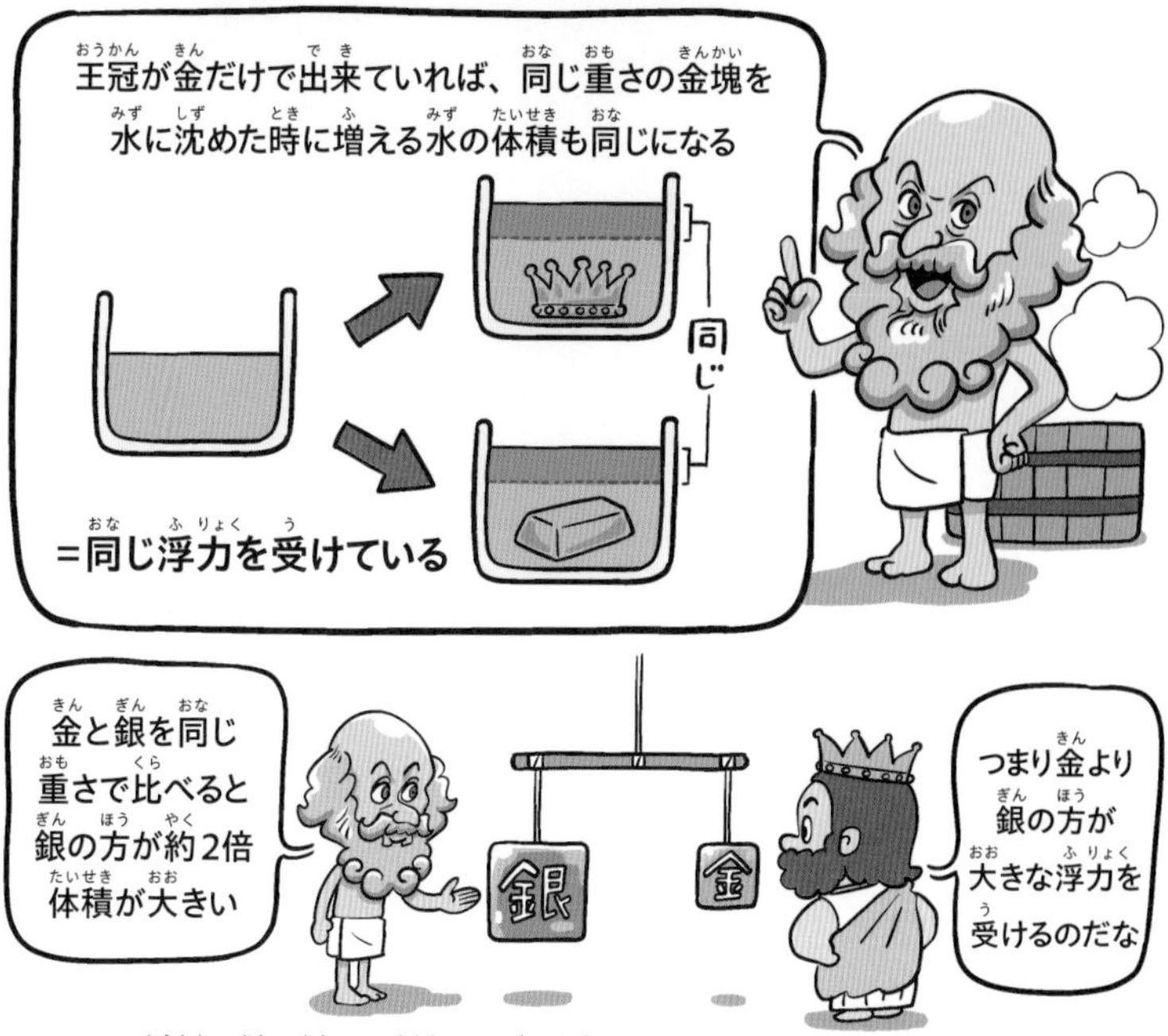

王冠が金だけで出来ていれば、同じ重さの金塊を水に沈めた時に増える水の体積も同じになる
同じ
=同じ浮力を受けている
金と銀を同じ重さで比べると銀の方が約2倍体積が大きい
銀
金
つまり金より銀の方が大きな浮力を受けるのだな

王冠と同じ重さの金塊を水に沈めた時、浮力が違えば……

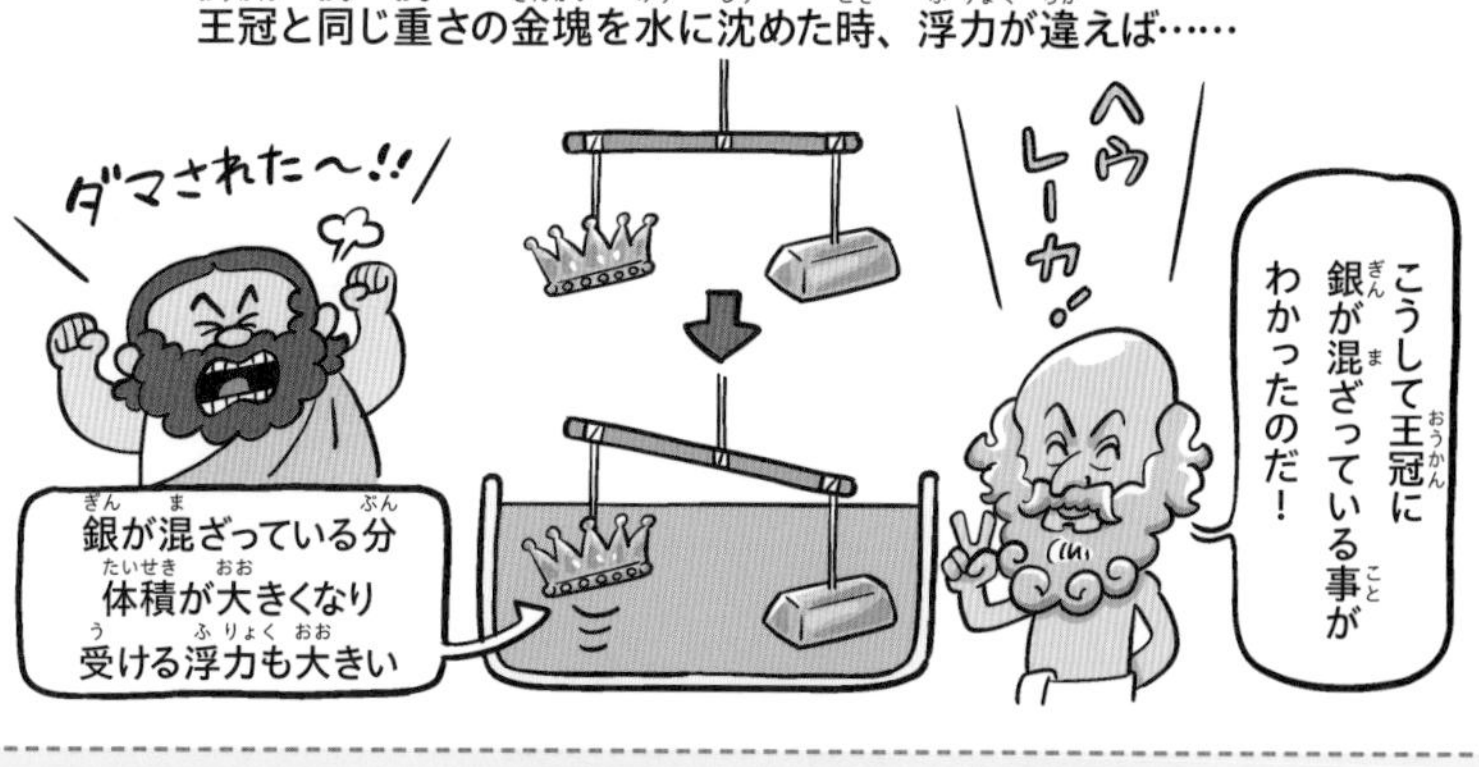

ダマされた～!!
銀が混ざっている分体積が大きくなり受ける浮力も大きい
ヘウレーカ!
こうして王冠に銀が混ざっている事がわかったのだ!

現代科学の礎を築いた大科学者

アイザック・ニュートン

アイザック・ニュートン（1642-1727）
イギリスの物理学者、天文学者、数学者。物質に働く力「万有引力」の提唱など、物理学の基礎となる「ニュートン力学」を構築。

すべての物質は引き合っている

アイザック・ニュートン、その名前は多くの人が聞いた事あるんじゃないかな。三大業績と呼ばれる「微積分法」「万有引力の法則」「光の分析」など、物理学や数学の分野で多くの発見を残した科学者だよ。

三大業績の中でも特に有名なのは「万有引力の法則」。これは、質量を持つすべての物体には、お互いを引っ張り合う力（引力）があるという法則だよ。「あー、アレね。リンゴが木から落ちるのを見て発見したってやつね」って思った人もいるかな。そのエピソードも有名だよね。

でも、落ちるリンゴを見ただけで「そうか、すべての物体には引力があるんだ！」なんて思いつくとは考えづらい。このリンゴの木のエピソードの信憑性は低いみたい。じゃあ、ニュートンはどのように「万有引力の法則」を発見したのだろうか。

ニュートンが20代前半の頃にイギリスではペストという伝染病が大流行。大学も休校となったため、1665〜1666年の間、ニュートンは生まれ故郷に戻る事にした。そこは、大学から離れた田舎の農村。暇を持て余すようになったニュートンは、今までの研究結果を整理したり、思索を巡らす事にした。この2年間の休暇中にニュートンの三大業績すべての研究がされた事から、この期間は「創造的休暇」と呼ばれているんだ。やっぱり、たまに休むのも大切って事だね。

この時代のイギリスでは、古代のアリストテレスからケプラー、ガリレオ（↓P118）など、昔からその時代に至るまでの学者たちの研究にヒントを求め、それを改良しようという風潮があったんだ。ニュートンも、**先人たちの研究成果から「万有引力」を証明しようと考えた。**

誤解されがちなんだけど、物体に地球から重力が働いている事を発見したのはニュートンではないんだ。物体に対して地面に引きよせる方向で力が働く事は、ニュートンよりも前の時代の科学者、ガリレオたちの功績から発見されていた。その上でニュートンは、同じ力が、月や惑星に対しても働いているのではないかと考えたんだ。

天体にも引力が働いている……というのは、とても飛躍した発想で、証明するのも困難。しかし、ここでもニュートンは「ケプラーの法則」という先人の研究の上に乗り、その正しさを証明しようとした。

ドイツの天文学者のヨハネス・ケプラーは緻密で正確な観測と精度の高い研究を行い、1609年に発表した「ケプラーの法則」で惑星の動きを解き明かしていた。ニュートンは「ケプラーの法則」を分析し、「万有引力の法則」をあてはめてみた。「万有引力の法則」を用いても、「ケプラーの法則」通りの惑星の動きを導く事に成功。この結果、天体の運動にはお互いが引き合う力が作用しているという事を証明出来たんだ。

アイザック・ニュートン(1642-1727)

ここで アイザック・ニュートンの名言!

私が遠くを見る事が出来たのは、巨人たちの肩に乗っていたからです

先人の研究によって「万有引力の法則」は証明されたね。ニュートンによる発見だけど、偉大な巨人たちの成果の上に成り立っているものなんだ。そして、ニュートンもまた一人の巨人として後世の科学者たちに影響を与え続けているんだよ。

ニュートン、実はイヤなヤツだった!? マンガでこぼれ話

科学の面白さを伝えた実験の名手

マイケル・ファラデー

マイケル・ファラデー（1791-1867）
イギリスの化学者、物理学者。電磁気学、電気化学の分野で貢献し、現在のモーターや発電機に欠かせない「電磁誘導の法則」を発見。

学校に行かなくても勉強は出来る

『ロウソクの科学』という科学書を知っている？　難しい本ではなく、子どもでも科学の楽しさがわかるように書かれた本だよ。1861年にイギリスで出版され、今でも多くの科学者が名著としてお勧めしているんだ。日本でも2019年度ノーベル化学賞受賞者の吉野彰氏が科学に興味を持ったきっかけの本として紹介し、話題となったよ。

『ロウソクの科学』は、イギリスの科学者であるマイケル・ファラデーが1860年にイギリスで子どもたちに行った科学講演をまとめたもの。この講演でファラデーは、目の前にロウソク1本を置き、炎に関する事を様々な角度から説明したんだ。**さらに、ロウソクを使った手品のような実験ショーを見せた。この講演は、大人も子どももワクワクし、立ち見が出るほどの大盛況。それをまとめた本が『ロウソクの科学』というわけだ。**

「彼の時代にノーベル賞があったら、6度は受賞していただろう」って言われているファラデーだけど、実は小学校すら通ってなかったんだ。ファラデーは1791年、イギリスで鍛冶屋の三男として生まれる。家はとても貧しくて、食べるものにも苦労する生活だったという。小学校にも通えず、生活のために13歳の時に近所の製本屋に住み込みで働きはじめる。学校にも通えず、働くなんて……ちょっとかわいそうだよね。でも、製本屋で働けた事はラッキーだったんだ。

製本屋だから、そこには大量の本があるよね。ファラデーは働きながら、そこにある本を片っ端から読んだんだって。その結果、学校へ行けなくても多くの知識を得る事が出来た。そして、特に科学に関する本に興味を持つようになったんだ。

科学への興味と知識が増えていったファラデーに、また幸運が訪れる。ある日、有名な化学者のハンフリー・デービーの連続講義のチケットをもらえたんだ。彼は講義内容を熱心に書きとめ、それをまとめた300ページにもなるノートをデービーに贈ってみた。そのノートに感動したデービーは、ファラデーを助手とする事を決めるんだ。

ここから、ファラデーの科学者への道がスタート。すぐに助手としても認められ、独創的な実験を発表するようになったファラデーは次々と大きな発見をしていく。基礎教育を受けていないファラデーは、数学がよくわからなかったそうだけど、頭の中のイメージを実験で証明するという方法で、他の科学者は思いつかないような独創的な結果をもたらしていった。特に「電磁誘導の法則」は、現在のモーターや発電機、変圧器などの電気機器には欠かせない原理。世紀の発見と言われているんだよ。

また、ファラデーは一般向けの科学講演を多く行い、子どもたちに科学の面白さを伝える事にも積極的だったんだ。自分と同じように、子どもに科学に興味を持つきっかけを与えたかったんだね。

マイケル・ファラデー(1791-1867)

ここで マイケル・ファラデーの名言！

ロウソクのように、自ら光り輝き、みなさんの周りを明るく照らしてください

恵まれた環境でなくても、努力してロウソクのように輝くって素晴らしいよね。ファラデーが放った光は後世のノーベル賞受賞者までも生んだんだからね。

「ロウソクの科学」って
どんなことが書かれているの？

燃えたら何が生まれる？

明るいのはなぜ？

ロウソクの火はなぜ燃え続けるの？

火が燃えるのには何が必要？

ロウソクは何から作られているの？

『ロウソクの科学』にはもっと多くの不思議が書いてあるからぜひ読んでみてくれたまえ！

1本のロウソクから科学に関する話題がこんなにも広がるなんて～！

生涯を研究に捧げる
マリー・キュリー

マリー・キュリー（1867-1934）
ポーランド出身の物理学者、化学者。放射線を研究し、ラジウムとポロニウムを発見。ノーベル物理学賞とノーベル化学賞を受賞。

困窮や女性差別に負けない

今でこそ男女平等と唱えられているけど、かつて男尊女卑が当然の時代があった。あらゆる場面で女性が差別され、女性が社会で活躍するどころか、勉強するのも困難だった時代に、ノーベル賞を二度も受賞したのがマリー・キュリー。日本では「キュリー夫人」の呼び名で知られる科学者だね。

ポーランド出身のマリーは、教育関係者の両親のもとで質の高い教育を受け、とても優秀な成績でギムナジウム（中高一貫教育機関）を卒業する。だけど、大学への進学は出来なかったんだ。当時は女性が高等教育を受ける事が禁止されていたからだよ。

そこでマリーは、女性が入学出来る数少ない教育機関のパリ大学で物理、化学、数学などを学ぶ事を目指す。家庭教師のアルバイトで資金を貯めて、フランスに移住するんだ。

フランスでのマリーの生活はとても貧乏なものだった。アパートの屋根裏に部屋を借り、昼に勉強、夕方からは教授の補佐のアルバイト、生活費が足らないため食事もろくにとれず、空腹で倒れてしまう事もあった。**暖房のない部屋で寒い日は持っている全部の衣類を着込んで勉強したそうだよ。そこまでして、勉強に打ち込むなんて偉過ぎだよね。**

大学を卒業後、物理学の研究を続けるマリーは物理学者のピエール・キュリーと出会う。ピエールもマリーと一緒で無心に研究に打ち込むタイプだったたから、すぐに二人は惹かれ合う。ピエールが、「対称性の原理」という論文を仕上げ、その写しをマリーに贈ると、マリーはとても喜び、距離がとても縮まった二人は結婚するんだ。論文でプロポーズなんて、ストイックな科学者の二人らしいね。

共同で研究を行うようになったキュリー夫妻。暖房もない粗末な研究所で毎日、研究に打ち込んだ二人は1898年に「ポロニウム」と「ラジウム」という放射性物質の元素の特定に成功。この発見は高く評価され、マリーはピエールとともに1903年にノーベル物理学賞を受賞するんだよ。

女性初のノーベル賞受賞者となったマリー。しかし、幸せの絶頂の彼女に悲劇が訪れてしまう。1906年、交通事故によりピエールが命を落としてしまうんだ。

夫を突然亡くした悲しみは計り知れないものだけど、マリーはそれでも研究を止める事はなかった。悲しみを乗り越え、ピエールの後任としてパリ大学初の女性教授として働き出すんだ。幼い二人の娘を抱えながら研究を続けた彼女は1911年、化学賞の部門で再びノーベル賞受賞。ノーベル賞の複数回受賞は彼女が初めてだった。

どんな困難にも負けず、一心不乱に研究を続けたマリーは、世の中に貢献するという気持ちも強かったんだ。放射線治療発展の妨げになるとして、特許などを取らず無償で技術を公開していたんだよ。「莫大な報酬をもらえるのに」と言われた事もあったらしいけど、マリーは固辞し続けたんだ。

ここで マリー・キュリーの名言！

人生最大の報酬とは、知的な活動の財産です

女性差別、困窮、家族の死……どんな困難な時もマリーは研究を止めなかった。名誉やお金儲けのためではなく、「学ぶ」という行為自体が喜びであり、人間にとって大切なものであると考えていたからなんだね。

ノーベル賞受賞しまくり! マリー・キュリーの家族

20世紀最大の天才

アルベルト・アインシュタイン

アルベルト・アインシュタイン（1879-1955）
「特殊相対性理論」「一般相対性理論」で知られる理論物理学者。「光量子仮説」で1921年にノーベル物理学賞を受賞する。

受験失敗&授業をサボる天才科学者

アルベルト・アインシュタインは、ノーベル物理学賞を受賞し、20世紀最大の天才と呼ばれた科学者。きっと、子どもの頃から優秀で、エリートコースを歩んだ人生なんだろうな……って思いきや、アインシュタインの人生は決して順風満帆ではなかったんだ。

アインシュタインは、1879年にドイツで生まれる。3歳まで喋らず、5歳で言葉を発するようになったものの、人とあまり会話をしない子どもだった。小学校でも優等生って感じではなく、「のろま」というヒドいあだ名をつけられていたそうだよ。

でも、数学に関してはとても興味を持っていて、9歳の頃に「ピタゴラスの定理」を自分で証明、12歳で微分や積分を独学で習得し、「ユークリッド幾何学」も理解してしまったんだ。このように数学や物理など、興味のある分野は好成績なんだけど、言語や歴史などはいい成績を残せなかったんだって。

1895年に名門のスイス連邦工科大学を受験。そして、あえなく不合格。後のノーベル賞受賞者が大学受験に失敗なんて驚きだよね。でも、数学と物理の成績は抜群に良かったので、大学側は1年間、大学入学に必要な中等教育を学ぶ事を条件に、彼に翌年の入学資格を与えたんだ。

そうやってなんとか入学出来た大学なのに、**アインシュタインは授業のほとんどをサボっていた。自分の興味のある分野には熱中するものの、他の科目の成績は散々。**大学教授になる事を夢見ていたそうだけど、そんな感じなので、アインシュタインを雇ってくれる大学はどこもなかったんだ。う～ん……後のノーベル賞受賞者とは思えないよね。

大学を卒業して2年間ほどは、定職に就けずに臨時教員や家庭教師などをしながら生計を立て、友人の父の紹介でなんとか就職出来たのが特許局。結局、希望していた大学への就職は叶わなかったんだね。

しかし、この就職がとても良かった。特

許局の仕事はとても暇だったのだ。暇だから仕事中もよく昼寝出来た……って事ではなく、アインシュタインはあり余る時間で理論物理学の研究に没頭出来たんだ。

「光量子仮説」「ブラウン運動の理論的解明」「特殊相対性理論」といった近代物理学の発展に重要な論文を次々と発表したこの時期は後に「奇跡の年」と呼ばれているよ。

　しかし、それらの論文も当初は評価されなかった。当時としては革新的過ぎて理解されず、ましてや無名の特許局員の提出という事もあり、大学に受領を拒否されるんだ。

　なかなかうまくいかないアインシュタイン。**でも、腐る事なく研究を続け、多くの論文を発表し続けていれば、次第に評価されるもの。**

　1910年に大学教授に就任すると、発表から16年を経て「光量子仮説」にノーベル物理学賞が与えられるんだ。紆余曲折あったけど、いつも好きな研究に没頭していたアインシュタインの熱意が実ったんだ。

ここでアインシュタインの名言！

挫折を経験した事がない者は、新しい事に挑戦した事がないという事だ

アインシュタインは失敗を恐れず、挫折から学び、挑戦し続けたよね。みんなも失敗しても恥ずかしがる事ないし、失敗した人を笑うべきじゃないね。失敗は大事な経験だよ。

アインシュタイン人生最大の失敗
マンガでこぼれ話
一般相対性理論を使って宇宙の正体を解明しちゃうぞ！
♪
あーなってこーなって……
導き出された答えは…
宇宙は膨らんでいる
えっ？
今では定説の「宇宙膨張説」しかし当時は
「宇宙は変化しないもの」
と考えられていた
おかしい…
こんなハズでは…
新しい定数を生み出して式を修正しちゃおう
これならツジツマが合うぞ
カリカリ
名づけて「宇宙定数」！
オーッ
ところが1929年天文学者のエドウィン・ハッブルが
宇宙は膨張している
という事を発見
宇宙定数の導入は人生最大の失敗だった～ッ
ひどく後悔したアインシュタインだったが…
ギャッ
現在では宇宙定数を用いて「宇宙は加速して膨張している」と説明されている
最大の失敗は大きな成果だったのかも…

日本人初のノーベル賞受賞者

湯川 秀樹

湯川 秀樹（1907-1981）
日本の物理学者。原子核内部に中間子の存在を予言する理論を提唱し、日本人初となるノーベル物理学賞を受賞する。

無口な少年が戦後復興の光となる

湯川秀樹の父は地質学者、二人の兄は冶金学者と中国史学者、弟は中国文学者という学者一家。幼い頃から数万冊の本に囲まれて育った秀樹は、たくさんの本を読み、豊富な知識を身につけて育っていく。性格はおとなしく、物静か、とても無口なので「イワン（言わん）」というあだ名だったそうだよ。

旧制高校に進んだ秀樹は物理の面白さに目覚め、ドイツの物理学者ライヘが書いた『量子論』という難解な本に夢中になっていく。その頃の物理学の課題は原子の解明だ。原子というのは、すべての物質のもとになる単位と考えられていたんだけど、20世紀に入り、原子はさらに原子核という小さくて重い粒子と周囲を回る電子から出来ているという事がわかってきたんだ。秀樹は、そんな原子の解明に並々ならぬ思いを強くしていく。

京都帝国大学に進み、物理学の研究に没頭していく秀樹。当時の物理学の進歩は目覚ましく、謎だった原子の中の粒子の動きを説明する「量子力学」という分野も生まれていた。ハイゼンベルクやパウリなどの天才科学者が次々に新理論を発表する中、秀樹もウカウカしていられないという焦りを感じていく。そして、原子の中心にある原子核の謎を研究するんだ。

原子核はプラスの電気を持つ「陽子」と電気を帯びない「中性子」で出来ているのに、バラバラにならず安定しているのはナゼ？

これが、秀樹の研究テーマだった。この疑問が頭から離れず、四六時中考え抜いた秀樹。あまりにも考え過ぎたので、不眠症になってしまうほど。眠れなくなるほどなんて、秀樹の研究に対する思いの強さがわかるね。浅い眠りの中でアイデアが浮かべば、灯かりをつけてノートに書きとめる日々が続いたんだって。夢の中でも研究していたんだね。

そんな事を続けていたある夜、奇抜なアイデアをひらめく。それは、「陽子と中性子の間には未知の粒子があり、それが陽子と中性子を結びつけている」というものだった。

未知の粒子を「中間子」と名づけ、1934年に「中間子理論構想」を発表、中間子の存在を予言する。**夢の中でも研究に没頭し、その執念があったからこそひらめいた理論だったんだ。**しかし、あまりにも突飛で大胆過ぎた事と、日本は中国と戦争中だったために、この考えが国際的な評価を得る事はなかった。さすがの秀樹も失望したそうだよ。

しかし、奇跡が起こる。1937年にアメリカの物理学者アンダーソンが中間子と思われる粒子を発見したんだ。湯川秀樹の予言は正しいかもしれない……中間子論は一転して世界の注目を集める事となる。そして1947年、イギリスの物理学者パウエルが秀樹の予言した中間子を発見。こうして1949年、湯川秀樹に日本人初のノーベル物理学賞が授与されたんだ。当時の日本は戦後復興の最中にあり、多くの人々の傷は癒えていなかったけど、秀樹のノーベル賞受賞は、日本人に大きな勇気を与える力となったんだ。

湯川 秀樹(1907-1981)

ここで 湯川秀樹の名言！

アイデアの秘訣は、執念である

夢の中でも考え抜くって並大抵の思いじゃないよね。まさに、執念。どんな事でもいいから、それくらい強い思いで没頭するって、とても大切な事だね。

ノーベル賞を受賞した「中間子理論」とは？
この宇宙に存在する物質はすべて「原子」でできています　例えば水なら酸素原子1つと水素原子2つ
H_2O
O
H
H
原子はそれぞれこんな感じでできているよ
酸素原子
陽子と中性子が集まった原子核
電子（マイナス）
陽子（プラス）
中性子（中性）
陽子
中性子
陽子と電子は電気的にプラスとマイナスで引き合っているからバラバラにならないけど…
原子核はプラスの陽子とプラスでもマイナスでもない中性子でできているのにどうしてバラバラにならないんだ？
う〜ん
はっ！
がばっ
陽子と中性子はキャッチボールみたく電気的やり取りをしているのでは？
ずっといっしょにいようね
陽子
中性子
中間子
中間子理論はなかなか受け入れられなかったけど後に中間子が実際に発見され正しかった事が証明されたんだ
発表から15年後ノーベル賞受賞

「幽霊」を観測した物理学者

小柴 昌俊

小柴 昌俊（1926-2020）
日本の物理学者。素粒子観測装置「カミオカンデ」でニュートリノの観測に世界で最初に成功。ノーベル物理学賞を受賞する。

定年退職直前に見事にキャッチ

2002年にノーベル物理学賞を受賞したのが日本の物理学者、小柴昌俊。これまでの光や電波ではなく、「ニュートリノ」という素粒子を観測手段とする「ニュートリノ天文学」を開拓したんだ。

「ニュートリノ？　素粒子？　なんか難しそ～」なんて言わないで。難しくなんてないから、覚えちゃおう。ニュートリノは、「中性の」という意味の言葉から名づけられた素粒子のひとつ。**素粒子とは、物質を構成する最小の要素、つまりこれ以上小さく分解できない最小単位なんだ。**

例えば水を分解してみよう。水は、水分子（H_2O）という分子が集まって出来ている。水分子は、水素原子（H）2個と酸素原子（O）1個に分解出来る。原子は原子核と電子で成り立ち、さらに原子核は陽子と中性子で出来ていて、陽子と中性子はクォークと呼ばれる素粒子が3つ集まって出来ているんだ。電子も素粒子のひとつ。これ以上は分解出来ないと今は考えられているよ。

ニュートリノは、宇宙の中で光の次に多い素粒子と言われている。太陽や、寿命を終えた星が起こす超新星爆発からたくさん生み出され、地球にも到達しているんだ。しかし、ニュートリノは存在が予測されてから数十年

間、実際に観測されていなかった。

宇宙で2番目に多いのにナゼ？ それは、ニュートリノはどんな物質も通り抜けちゃう性質を持っていたからなんだ。1秒間に約100兆個ものニュートリノが私たちの体を通り抜けているんだけど、私たちはそれを感じない。**人間の体も地球も、実験装置も通り抜けてしまうので観測がとても困難。ニュートリノの別名は「幽霊粒子」というんだ。**

そのニュートリノを観測したのが小柴の作ったカミオカンデという実験施設。このカミオカンデがスゴくて、地下1000メートルの地点に設けられた直径15・6メートル、高さ16メートルの水槽に純水3000トンを満

たした大水槽。ニュートリノは、大量の水があれば、ごく稀に水分子中の電子と衝突するものがあり、カミオカンデは、その反応を検出するためのセンサーを壁面に1000本も設置した巨大施設なんだ。最小の素粒子を観測する施設が、こんなデカいなんて面白いよね。

これで幽霊粒子を簡単に観測出来る……わけじゃない。小柴は超新星爆発で地球に到達したニュートリノを観測するつもりだったが、超新星爆発がいつ起こるかわからない。しかも、ニュートリノは地球もあっという間に通り抜けるため、観測出来る確率はとても低い。

それでも、小柴は研究チームをまとめ、施設を管理し、緻密な計画と入念な準備を重ねてその時を待った。そして、1987年2月23日、地球から16万光年も離れた超新星からのニュートリノを11個も検出する事に成功。なんと、この世界初の偉業は小柴が定年退職する1か月前の事だったんだ。

小柴昌俊(1926-2020)

ここで 小柴昌俊の名言！

運を捕まえられるかどうかは、日頃から準備していたかどうかだ

「運が良かった」「奇跡だ」そんな言葉で語られがちな小柴の偉業だけど、そこに至るまでには長年に渡る研究と、入念な準備があった事を忘れちゃいけないよね。

白紙で出したテストが正解!?

マンガでこぼれ話

ノーベル賞丸わかりQ&A

毎年、受賞者が発表されると世界中から大きな注目と関心を集めるノーベル賞。スゴい発見や発明をした人に贈られる世界的な賞について、詳しくなろう！

Q1 ノーベル賞って？

A スウェーデンの発明家アルフレッド・ノーベル（→P74）の遺言に基づき、物理学、化学、生理学・医学、文学、平和の各分野で「人類に最大の貢献をもたらした人々」に贈られる賞だよ。１９６９年の授賞式から経済学分野も追加され、今は６つの賞があるよ。

Q2 どうして有名な賞なの？

A ノーベルの遺言によると「賞を与える際、候補者の国籍は考慮してはならない」とある。外国人に賞を与えるというのは、当時ではとても新しい考え方だったんだ。１２０年以上の伝統とともに、世界で初めての国際的な賞という側面もあるんだ。

Q3 賞金とかあるの？

A ノーベル賞の賞金額は時代によって変動するけど、1億円以上ももらえるんだ。経済学賞以外の5部門の賞金は、ノーベルの遺産を管理しているノーベル財団による資産運用の利益があてられ、経済学賞はスウェーデン国立銀行から出されているよ。

Q4 誰が受賞者を選ぶの？

A 賞の種類によって選考組織が決まっているんだ。物理学・化学・経済学賞はスウェーデン王立科学アカデミー、生理学・医学賞はカロリンスカ研究所、文学賞はスウェーデン・アカデミー、平和賞はノルウェー・ノーベル委員会が受賞者を選定するよ。1年かけて受賞者を選定して、毎年10月に決定するから注目してみよう。

原因を探求し続ける力が
人を発見者にする

第2章
医学・生物学

志を得ざれば、
再び此地を踏まず

肩書きがなくては
己れが何なのかも
わからんような
阿呆どもの仲間に
なることはない

見る事は知る事

私が目標を達成できた
秘訣を教えよう
それはね、絶対に
あきらめない事だよ

研究だけをやっていたのではダメだ
それをどうやって世の中に
役立てるかを考えよ

生命の謎に迫った「進化論」の父

チャールズ・ダーウィン

チャールズ・ダーウィン（1809-1882）
イギリスの地質学者、生物学者。「進化論」を提唱した『種の起源』を出版し、生物進化のメカニズムを解明。

学校をサボって、好きな事ばかり

19世紀に出版した『種の起源』で「生物は長い年月をかけて少しずつ進化しながら現在の姿になった」という「進化論」を提唱して、現在の自然科学の発展に大きく寄与したのがチャールズ・ダーウィンだ。

革新的でセンセーショナルな理論を生んだダーウィンだけど、幼少の頃から勉強がよく出来たってわけじゃない。どちらかと言うと、学校嫌いの子どもだったみたい。**学校の勉強より、身近な虫や植物や石を観察する事が好きな子だったんだ。授業もよくサボっていたので、成績も悪かったんだって。**なんか親近感が湧くよね。

医者だった父親は、自分と同じ医学の道を歩ませようと、なんとかダーウィンを大学に入学させるんだけど、やっぱり授業をサボってばかり。あげくに、すぐに中退しちゃったんだ。それでも、あきらめない父親は、今度は牧師にさせようと画策。もちろん、ダーウィンは牧師に興味はナシ！　でも、「牧師になれば空いた時間で好きな事が出来るぞ」という不真面目な動機で、大学の神学部に入学するんだ。だいぶ、いい加減な性格だよね。

当然、授業に出る事なく遊んでばかりのダーウィン。**大学内で大好きな虫や植物を集めて観察ばかりしていると、植物学者のヘン**

ズロー教授と出会う。これがダーウィンにとって大きな出会いとなる。二人は意気投合、大学内の植物園でよく語り合う友人となっていくよ。そして、ダーウィンはヘンズローの影響で植物学や博物学を学んでいくんだ。

1831年に大学を卒業したダーウィンはヘンズローからイギリス海軍の測量船ビーグル号の乗船を勧められる。ビーグル号は南アメリカや南太平洋の島々の観測と研究が目的で、一度航海に出ると何年も戻ってこられない。そんな長旅なのに、もっと色々な植物の事を知りたいと思っていた**ダーウィンは、父親の大反対を押し切ってビーグル号に乗船。世界各地を巡る旅に出るんだ。ダーウィンの**

探求心、スゴい！

1831年に出航したビーグル号が戻ってきたのは5年後の1836年。その内の500日近くを海上で過ごすという、とても過酷な旅だったんだけど、ダーウィンは熱心に研究をしたそうだよ。植物だけでなく動物や地形などを観察し、何十冊ものノートにメモを残し、多くの標本をイギリスに持ち帰ってきたんだ。

帰国後、調査をもとに研究を続けたダーウィンは「すべての生物種が自然淘汰を通して進化している」という「進化論」を提唱、1859年に『種の起源』を出版した。

でも当時は、キリスト教の影響が強かったので「生物は神による創造物で変化などしない」「人間は特別な存在だ」という考え方が主流。世間からの批判が殺到するんだけど、ダーウィンはその後も生物に関する研究を続け、多くの本を出版していく。ダーウィンの探求心が衰える事はなかったんだ。

チャールズ・ダーウィン(1809-1882)

ここで チャールズ・ダーウィンの名言！

原因を探求し続ける力が人を発見者にする

今では当たり前となっている「進化論」は、ダーウィンの探求心から生まれた。多くの科学者に共通している事だけど、常識にとらわれず、「なんでだろう？」と思う気持ちが大切なんだね。

私には「進化論」の他にも生涯をかけた研究テーマがあった！
それは…ミミズ！
28歳から44年間ミミズを観察し続けた
44years
ミミズに聴覚があるか調べるため10人の我が子たちと一緒にピアノの演奏会もした
大家族だな〜
部屋の中ではいつもゆっくり忍び足これもミミズを驚かさないため！
ZZZ…
こんなミミズ愛あふれる研究をまとめた著書を出版した半年後に私は天国へ旅立ったのだ
44年間＝亡くなるまでだったのか…
一片の悔い無し…

近代細菌学の祖

ルイ・パスツール

ルイ・パスツール（1822-1895）
フランスの細菌学者。低温殺菌法の発見やワクチンによる予防接種を広めるなど細菌学の基礎を築く。

左半身不随になっても研究

ルイ・パスツールは1822年、フランスの小さな街、ドールに生まれた。特に勉強がよく出来たってわけではなかったけど、性格はとても真面目。だから、教員を養成する学校に何度も落ち続けるけど、何度も受験するんだ。20歳の時にめでたく合格！

卒業後は大学教授となったパスツールに、ワイン職人がワインが腐る原因の解明を依頼してきた。**原因究明のため何度も実験を重ね、発酵（腐敗）が起きる原因が微生物の混入だという画期的な発見をしたよ。**この発見がパスツールを微生物学の研究に向かわせるきっかけとなる。パスツールは、病気も微生物の仕業ではないかと考えたんだ。

さぁ、ここから人類に大きく貢献するパスツールの研究が始まる……ってところだけど、パスツールは45歳の時に脳卒中で倒れ、左半身が麻痺してしまう。実験器具も左手で持てない状態……普通なら心が折れるよね。でも、**パスツールの熱意が失われる事はなかった。左半身不随になっても研究を続け、ワクチンによる予防接種という、人類を病苦から救う方法を開発したんだよ。**

ワクチンとは毒性を弱めた病原体。ワクチンを接種すると、病原体をやっつける抗体が体の中に作られる。前もって抗体を作っておけば、病気を防ぐ事が出来るってわけ。

鶏コレラや炭疽菌といったワクチンを開発し、多くの命を救ったパスツール。さらに、当時、恐れられていた狂犬病のワクチン開発にも取り掛かる。

そんなある日、ジョセフ・マイスターという9歳の少年が母親に連れられてきた。息子の狂犬病の治療を母親は懇願するが、まだ狂犬病ワクチンを人に接種をした事のなかったパスツールは迷う。しかし、何もしなければ少年は命を落としてしまう。決意したパスツールは複数回ワクチンを接種させた。そして、少年は見事に完治。歴史上初めての、人への狂犬病ワクチン接種の成功だった。

数々の研究成果でたくさんの人々の命を救ったパスツールの功績を称え、フランスは研究所を贈る事を決定する。**国内外から多くの寄付が集まり、1888年にパスツール研究所が完成。世界中の人々のパスツールへの感謝の気持ちが形となったんだね。**

1895年に亡くなったパスツールは研究所の地下に埋葬されたんだけど、1940年にフランスを占領したナチス・ドイツ兵が彼の墓を暴きに来た。しかし、研究所の守衛が扉の鍵を渡すのを拒み、その守衛は自ら命を絶つ事でパスツールの墓を守ったそうだよ。守衛の名前は、ジョセフ・マイスター。なんと、あの日、狂犬病から命を救われた少年だったんだ。

多くの人に愛され、感謝されたパスツールが残した研究所は、現在でも微生物学や免疫学の研究が盛んで、近年ではHIVウイルスを発見した。パスツールの思いは120年以上経っても受け継がれているんだね。

ルイ・パスツール(1822-1895)

ここで ルイ・パスツールの名言！

私が目標を達成出来た秘訣を教えよう それはね、絶対にあきらめない事だよ

体が不自由になっても研究を続けたパスツール。病気から人々の命を救うという目標を決してあきらめなかったパスツールだからこそ、多くの人に感謝されたんだ。

マンガで簡単解説 ワクチン予防接種のしくみ

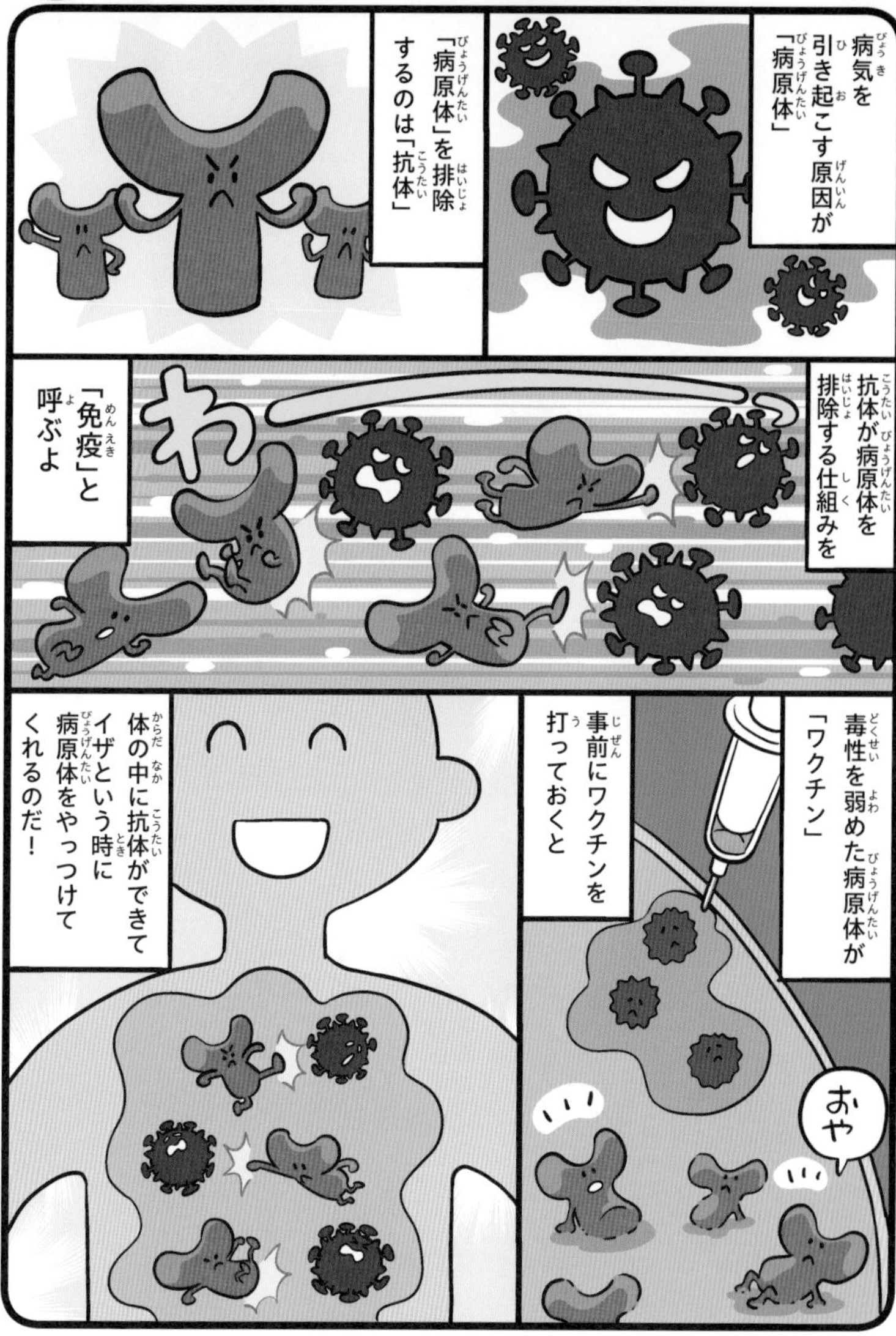

自然を愛した昆虫学者

ジャン・アンリ・ファーブル

ジャン・アンリ・ファーブル（1823-1915）
フランスの博物学者、昆虫学者。昆虫の行動研究の第一人者。研究成果をまとめた『昆虫記』は世界中で読まれている。

自分の目で確かめたい

教師や詩人などの顔も持つフランスの昆虫学者ジャン・アンリ・ファーブル。彼の書いた『昆虫記』は各国で翻訳されているから、知っている人も多いかもね。

『昆虫記』は、ファーブルが55歳の時から約30年をかけて書き上げた全10巻の自然科学書。彼が研究してきた昆虫の習性についてまとめたものだけど、難しい学術論文ではない。やさしい表現や擬人化を多用しているから、読み物として広く親しまれているんだ。ファーブルがノーベル賞の候補になった際、その対象が文学賞だったのもうなずけるね。

普通、昆虫の研究って「エサは何？」とか「巣はどうやって作る？」とかを調べていそうだよね。でも、ファーブルの時代の昆虫研究は、採集した昆虫を標本にして、その姿かたちなどから分類するだけだった。ただ、それだけ。昆虫の行動に複雑な仕組みがあるなんて誰も考えていなかったんだ。

でも、ファーブルは違った。ファーブルは幼い頃から生きた昆虫を観察し、その不思議さに気づいていたんだ。とても貧しい家庭で育ち、苦労が多かったんだけど、勉強はとてもよく出来たし、何よりも好奇心旺盛。**なんでも自分の目で確かめないと気が済まない性格だったそうだよ。その性格が、昆虫の**

行動や習性を研究するという行動研究の先駆者へファーブルを導くんだ。

ファーブルが、幼い頃から観察してきた昆虫を本格的に研究しようと決意したきっかけのひとつが「狩りバチ」というハチ。昆虫学者のデュフールが書いた狩りバチに関する論文を読んで、ファーブルはとても興味を抱いたんだ。このハチは、巣に虫を連れて帰って幼虫のエサにする習性があった。デュフールの論文には、「エサになる虫の死体が腐らないのは、ハチの持つ毒に防腐作用があるからだ」と書かれていた。

この論文を読んだファーブルは、標本による分類ではなく、生きた昆虫の行動について書かれている事に大興奮。昆虫を観察する事で研究者になれるんだと驚き、感動するんだ。同時に、ファーブルのあの性格がムクムクと心の内の欲求を呼び起こす。

「この論文、本当に正しいのかな？　自分の目で確かめたくなったぞ」

　ファーブルは、同じ種類のハチと、ハチに捕まったエサとなる虫を幾日も観察し始めた。その結果、ハチがエサとなる虫を捕まえる時に、運動神経の集まった部分を刺して神経を麻痺させている事に気づいたんだ。つまり、捕まった虫は死んでいるのではなく、麻痺しているだけという事を発見。生きているから腐らなかったというわけ。自ら確かめた事で、デュフールの論文の間違いに気づけたんだね。

　この発見でファーブルは学会から賞をもらい、彼の名前は知れ渡っていく。自説の誤りを指摘されたデュフールからも称賛されて、ファーブルの昆虫学者の道が拓けていったんだ。

ここで ジャン・アンリ・ファーブルの名言！

見る事は知る事

その目でしっかりと観察を続ける事でファーブルは発見を重ね、全10巻の『昆虫記』を書き上げた。本やインターネットの情報を鵜呑みにするのではなく、自分の目で確認するって大切な事だね。

昆虫だけじゃない!
スーパーファーブル!
マンガでこぼれ話
問題!アンリ・ファーブルの研究と言えば…
ピンポーン
ファーブルクイズ こども大会
昆虫!
昆虫!
昆虫!
ぶ〜しゅッ
え〜
実はファーブルは昆虫だけでなくキノコの研究でも超一流でした
とてもキレイなキノコの水彩画を700点以上も描いたと言われています
さらに昆虫をキノコの食べ方で分類したり毒キノコをどうすれば食べられるか実験したり…
すごいキノコマニア!
ファーブル キノコ記
キノコ記も出版しておけばよかったかなぁ…

近代日本医学の父

北里 柴三郎

北里 柴三郎（1853-1931）
日本の医師・細菌学者。世界で初めて破傷風菌の純粋培養に成功し、破傷風の血清療法を確立した。

医師を軽蔑していた医師

2024年の日本の新千円札の肖像画に選ばれた北里柴三郎は、1853年に現在の熊本県で庄屋の息子として生まれた。親の教育方針もあり、幼い頃から漢学、儒学、医学などの幅広い学問を身につけるんだけど、本人は政治家か軍人になって、国のために働きたいと考えていたんだって。**医師の事を「本ばかり読んでいる連中」とバカにしていたらしいよ。**ちょっと言い過ぎだよね。

でも、親の意見には逆らえず、1871年に熊本医学校（現在の熊本大学医学部）に入学。ここでオランダ人医師のマンスフェルト

に出会う。北里の才能を見抜いたマンスフェルトは北里に医学の面白さを説き続けたんだって。最初は興味を示さなかった北里も、医学は国に貢献出来る学問だと次第に考えるようになり、医師の道へ進むんだ。

その後、東京医学校（現・東京大学医学部）へ進学。「医者の使命は病気を予防する事にある」と考え、予防医学を生涯の仕事と決意、『医道論』を書き上げる。「本ばかり読んでいる連中」とバカにした当時の多くの医師に対して、**「医者は国民に健康を保たせて、国を豊かにしなければならない。そのためにたくさん勉強をすべきだ」という本来の医師のあるべき姿を説いたんだ。**

北里 柴三郎(1853-1931)

その言葉通り、北里は熱心に医学の勉強に励む。１８８５年から6年間、ドイツのベルリン大学へ留学して、「近代細菌学の開祖」と言われるローベルト・コッホに師事。ここから、北里は世界が驚嘆する業績を次々と上げていくよ。

世界が驚いた業績その1。当時、多くの死者を出していた破傷風の菌だけを取り出す「破傷風菌純粋培養法」に成功。菌体を少量ずつ動物に注射して、血清中に抗体を生み出す「血清療法」という画期的な治療法を開発するんだ。

世界が驚いた業績その2。血清療法をジフテリアという感染症にも応用。ジフテリアもジフテリア菌が出した毒素によって起こる病気だから、有効だったんだね。同僚のベーリングと連名で『動物におけるジフテリア免疫と破傷風免疫の成立について』という論文を発表すると、第1回ノーベル生理学・医学賞の候補に北里の名前が挙がったんだ。

しかし、記念すべき第1回ノーベル生理学・医学賞を受賞したのは、ベーリングだけだった。日本人の北里に対する人種差別だったのでは？　という見方もあるけど、確かな事はわからない。ちょっと残念だよね。

だからと言って、北里の評価は下がらない。論文をきっかけとして、欧米各国の研究所や大学からたくさんの招聘を受けるようになった。師事していたコッホも、留学期間が終わっても、私費で雇うから残ってくれと依頼してきた。しかし、北里はこれらの好条件の誘いをすべて断り、留学期間を終えると日本に帰国。帰国後も、ペスト菌を発見したり、北里研究所を設立して後進を育成したりと、医学の発展に寄与したんだよ。

北里 柴三郎(1853-1931)

ここで 北里柴三郎の名言！

研究だけをやっていたのではダメだ　それをどうやって世の中に役立てるかを考えよ

研究が目的じゃないから、多くの誘いを断り、日本に帰国した北里。世の中に役立てるという大きな志が大切だったんだね。

お札友情物語 マンガでこぼれ話

北里は留学中
緒方正規教授の
「脚気病原菌説」を
強く否定した
脚気の原因が
細菌という説は
間違いだ！
しかし緒方正規は
北里の留学の世話を
してくれた恩人
めんどうみたヨ
恩知らず！
それがきっかけで
北里は東大医学部を
敵に回してしまい…
フン!!
東京大学に
研究所を設立する
計画が危うく
なってしまった
私は間違って
ないのに～！
その事を知り
手を差し伸べたのが
慶應義塾の福沢諭吉
北里柴三郎は
日本の誇りだ！
おぉ…
福沢諭吉は多大な資金を援助し
北里を初代所長とする
「私立伝染病研究所」を設立
がんばれよ～
1984～2024年
一万円札の肖像
ありがとう！
2024年～
千円札の肖像
お札の
友情だ～
ちなみに2004～2024年
千円札の肖像の野口英世は
北里の弟子
福沢諭吉の死後は
その恩義に報いるため
慶応大学医学部の学長に就任
有名研究者を次々と派遣した

型破りな知の巨人

南方熊楠

南方熊楠（1867-1941）
日本出身の植物学者、博物学者、民俗学者。世界的に評価された粘菌の研究とともに、豪放磊落な性格も有名。

牢屋の中でも研究？

南方熊楠は、和歌山県出身の生物学者。彼の興味の対象は生物学にとどまらず、民俗学や博物学、人類学など……幅広い分野に及んでいたんだ。各学問の膨大な知識を持っていた熊楠は、「知の巨人」って呼ばれているよ。きっと、子どもの頃から優秀で、立派なエリートコースを歩んだと思うでしょ？

子どもの頃から優秀というのは間違いない。好奇心旺盛で、記憶力がとにかくスゴい。7歳の頃には、国語辞典や百科事典を書き写して覚えていったんだって。8歳の頃に『和漢三才図会』という江戸時代の百科事典を書き

写し始め、同じ頃に『本草綱目』という中国の植物図鑑も書き写す。とにかく、**書写して覚えるのが熊楠の記憶術だったんだ。**

そんな熊楠の才能に期待して、親も高い教育を受けさせる。熊楠は東京大学予備門、今の東京大学教養学部に入学するんだ。やっぱり、エリートコースじゃん！　って思ったかな？　いやいや、違うんだなぁ。

熊楠は好奇心は旺盛だったけど、勉強が好きだったわけじゃない。入学した学校はあまり行かず、図書館に通って古今東西の書籍を次々と読破して、書写しまくった。方々に出かけては、土器や魚介類を採集したりもしていたんだって。当然、学校の成績は悪くて

落第。東京大学予備門を中退するんだ。

自由に学問が出来る環境を求めてアメリカの大学に留学。ここで学問に励むかと思いきや、トラブル発生。飲酒禁止の大学の寮で友人たちと酒盛りをしてたら、それが学長に見つかってしまう。熊楠は他の友人たちをかばい、自分一人だけ責任を取る形で学校を辞めちゃうんだ。なんか豪快な生き方だよね。

熊楠の放浪の旅が始まる。**どこの研究機関にも属さず、アメリカ、キューバ、イギリスなど、各国で珍しい植物や昆虫、粘菌などを採集しては、独学で自由に研究を続けたんだ。**各地で研究をしながらも、キューバでは、サーカス団に入ってゾウ使いの手伝いをしたり、

イギリスの大英博物館で人種差別的な扱いを受けて暴行事件を起こしたりと、相変わらず波乱万丈な熊楠。それでも新種の藻類を発見したり、科学誌に論文を発表したりで、南方熊楠の名前は次第に知られるようになっていった。

14年に渡る海外生活を経て、帰国した後も精力的に植物や粘菌を採集して、研究を続ける。この頃、日本では各地の神社を合併する動きがあったんだけど、貴重な自然環境が失われる事を危惧した熊楠は、役人たちの前でまた暴れて牢屋に入れられてしまう。この時、どうやら酔っぱらっていたみたい。

しかし、転んでもただでは起きない熊楠！なんと狭い牢屋の中で、新種の粘菌を発見するんだ。「もう牢屋から出ていいぞ」って言われても、「ここは静かで涼しいから、もう少しいさせてくれ」って言ったんだって。本当に豪快な人だね。

南方 熊楠（1867-1941）

ここで南方熊楠の名言！

肩書きがなくては己れが何なのかもわからんような阿呆どもの仲間になる事はない

熊楠は、大学や研究室には所属せずに、興味ある事を自由に研究した。牢屋の中で珍しい粘菌に夢中になるくらいにね。大切なのは中身であって、肩書きではないんだよね。

熊楠豪快エピソード×2　マンガでこぼれ話

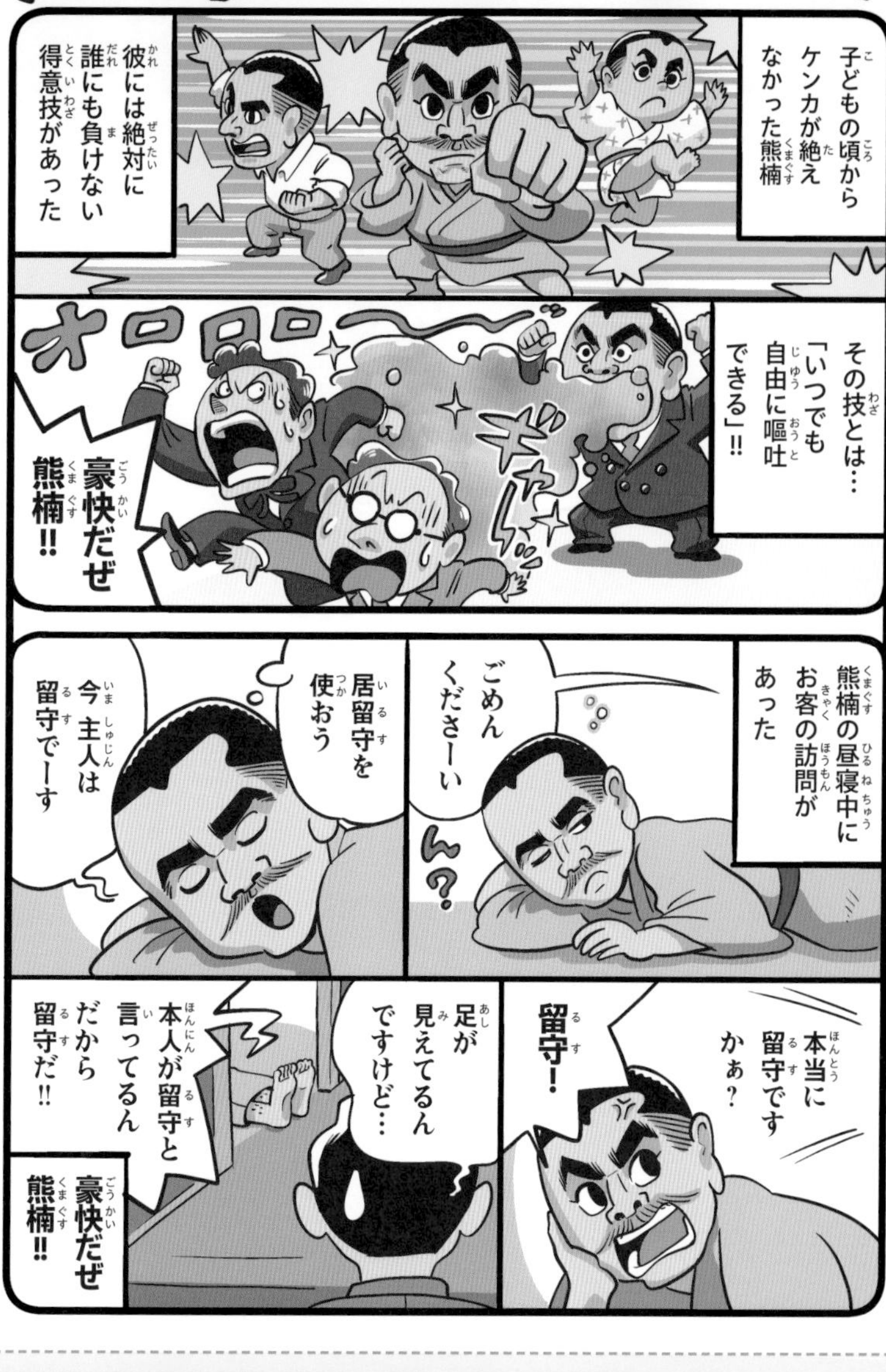

未知の病気と闘った人類の救世主

野口 英世

野口 英世（1876-1928）
日本の細菌学者。黄熱病や梅毒の研究で知られ、ノーベル生理学・医学賞の候補に何度も名前が挙がる。

故郷に戻らない覚悟

日本の紙幣の肖像としても広く知られている野口英世。実は、元の名前は清作といい、後に英世と改名したんだ。ここではわかりやすく英世と呼ぶ事にするね。

1876年、福島県の貧しい農家に生まれた野口英世は、1歳の時に囲炉裏に落ちて、左手に大きな火傷を負ってしまう。その結果、左手の指が開かなくなってしまうんだ。

母親は勉学で身を立てるしかないと英世に言い聞かせ、彼を学校に通わせるんだけど、学校に通っているのはお金持ちばかり。英世は他の生徒からバカにされるようになる。手の火傷もからかわれ、英世は一時期不登校になってしまうんだ。かわいそうだよね。

でも、常に自分を励まし、教育費を稼ぐために身を粉にして働く母の姿を見て、英世はくじけた心を立て直す。猛勉強し、優秀な成績を修めるようになっていくよ。

15歳の時、恩師や友人たちの援助で左手を手術し、英世の左手の指は少しだけ動くようになったんだ。その時、医学の素晴らしさに感動した英世は、医師を目指す事を決めたそうだよ。１８９６年、勉学に励み、医師免許の取得試験を受験するために上京。**普通は数年かかる試験を、英世は1年あまりで合格し、見事に医師免許を得るんだ。**

野口英世(1876-1928)

ここからの英世の働き方がスゴいんだ。21歳で「近代日本医学の父」と称される北里柴三郎（↓P54）が所長を務める伝染病研究所の助手になると、その後、清（今の中国）で働き、１９００年には単身渡米。アメリカで蛇毒の研究に没頭、その研究が評価されると、今度はデンマークに留学し血清学を学び始める。１９０４年に再びアメリカに戻ると、ロックフェラー医学研究所の一等助手に27歳の若さで抜擢され、梅毒スピロヘータの研究など、世界的に流行していた伝染病を解決するために尽力。世界各地を飛び回って活躍したんだ。

日本と海外を行き来しながら、黄熱病の研

究をしていた事が有名だね。黄熱病は現在でも、熱帯地方で流行する事があり、重症者の50％が死亡するという恐ろしい病気。当時は原因不明で、ワクチンによる予防も出来ず、症状を和らげる対症療法しかなかったんだ。

英世は黄熱病が流行していたエクアドルに赴いて研究。黄熱病の病原体と思われる細菌を発見し、ワクチンを生産。これで中南米の黄熱病の流行は終息に向かった。だけど、アフリカで流行っていた黄熱病には、英世のワクチンは効果がなかったんだ。

英世はすぐにアフリカへ赴き、黄熱病の研究に取り組んだ。しかし、研究を続ける中、自らも黄熱病にかかり、現地で命を落としてしまうんだ。

後年、英世が発見したのは黄熱病の病原体ではなかったと明らかになるんだけど、世界各地で未知の病気の研究に取り組んだ英世の功績が輝きを失う事はないよね。

野口 英世(1876-1928)

ここで 野口英世の名言！

志を得ざれば、再び此地を踏まず

福島から上京する際に、家の柱に刻んだ言葉だよ。目的を遂げるまで、ここには戻って来ないという意味。世界各地を飛び回り研究を続けた英世の強い覚悟が感じられるよね。何かを成し遂げるには、時にはこういう強い意志が必要なんだ。

野口英世
—はてんこうでんせつ—

破天荒伝説！

上京時に餞別でもらった約80万円をお酒やギャンブルに使ってしまった！

生活費や学費を知人から借金！それも遊びに使ってまた借金！

アメリカへの渡航費用を得るため 資産家の娘と婚約 結納金の約100万円を散財 その上 婚約破棄！

金銭感覚ヤバすぎの野口英世をどうしてお札の肖像に選んだんだ！

お札の肖像の条件にピッタリなので…

べー！

1000
・知名度
・世界に誇れる功績
・特徴的な顔立ち
(偽造防止の観点)

被害者の会

もうひとつのノーベル賞？ 笑わせたら受賞のイグノーベル賞！

イグノーベル賞って？

1991年に、ノーベル賞のパロディとしてユーモア系科学雑誌が創設した賞がイグノーベル賞。ノーベル賞は、「人類に最大の貢献をもたらした人々」に贈られるけど、イグノーベル賞は、「人々を笑わせ、考えさせてくれる研究」に授与されるんだ。毎年、風変わりな研究をした10組前後の個人やグループが選ばれているよ。

「人々を笑わせ、考えさせてくれる研究」

これまで、受賞した研究テーマの一部を挙げると……

「床に置かれたバナナの皮を人間が踏んだ時の摩擦の大きさ」

「思春期の少年が、鼻をほじくるのは普通の行動という医学的発見」
「床に落ちた食べ物を食べても安全か、『5秒ルール』の科学的研究」
「人間はシロップの中と水の中ではどちらのほうが速く泳げるか？」

……などなど。確かに笑えるけど、「どうして、それを研究したの!?」って感じだよね。他にも面白い研究テーマがたくさんあるよ。中には、何度も核実験をした大統領に平和賞を贈るなど、皮肉を込めた授与もあるんだ。

偉大な発明や発見は、最初は笑われるもの

頭のいい研究者が、真面目にこれらの研究をしていると思うと笑っちゃうけど、歴史を振り返ると科学的・技術的な偉業って当初は受け入れられなかったり、バカにされる事も多いんだ。「パンのカビを見つめ続ける研究を人々は笑ったが、この研究なしでは抗生物質は生まれなかった」とイグノーベル賞創設者は言っているよ。

実際、イグノーベル賞を受賞した研究が商品となって役に立っている例はたくさんあるんだ。「涙の出ない玉ねぎ」とかね。世の中の役に立ちたいという思いは素晴らしいけど、自分の興味や好奇心から研究するのも、とっても大切な事だよ。

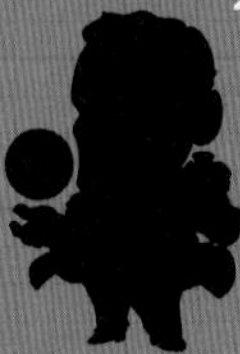

幸せを祈る気持ちだけでは、
平和をなす事は出来ない

ハングリーであれ
愚か者であれ

第3章

技術・発明

独りになれ
それが発明の秘訣
独りになれ
アイデアが生まれるのは
そういう時

発明する事のほうが、
発明した事よりも
ずっと面白い事だ

「出来ない」と言うより
「出来る」と言うほうがやさしい
機械技術の分野に
最も必要なのは
挫折の歴史である
私はヘマな失敗例を
集めた書物がほしい
障子を開けてみよ
外は広いぞ
夢中になれるものがあったので、
朝が待ち遠しかった
それが幸せというもの
私は失敗した事がない
ただ、1万通りのうまくいかない方法を
見つけただけだ
偉大な発見や発明は
小さいものを観察する事から生まれる

産業革命の原動力となった男

ジェームズ・ワット

ジェームズ・ワット（1736-1819）
スコットランド出身の発明家、機械技術者。ニューコメン型蒸気機関を改良して、全世界の産業革命の進展に寄与。

産業革命は蒸気のおかげ

18世紀、ヨーロッパで工業が爆発的に発展した。これを産業革命と呼ぶよ。産業革命を大きく推進させたのが蒸気機関。**蒸気の熱エネルギーを動力とする蒸気機関が工場や機関車などに使われた事で産業革命は起こるんだけど、そこには、ジェームズ・ワットの功績があったんだ。**

1736年、ワットはスコットランドで生まれた。18歳でロンドンへ渡り、実験器具の製造技術を学び、21歳の時に「さぁ、自分のお店を開くぞ」と開業の準備を始めたところ、修業が足りないという理由で、職人組合から猛烈な反対を受けてしまうんだ。

開業を断念したワットは、大学の精密機械を修理する仕事を見つける。複雑な機器を次から次へと修理し、教授たちからの評判を上げたワットは、職人組合の力が及ばない大学内に工房を置く事が許されるんだ。捨てる神あれば、拾う神ありだね。

1763年、大学内の工房で働くワットにニューコメン型蒸気機関の修理の注文が届く。イギリスの技術者のニューコメンが1712年に発明した蒸気機関で、鉱山の排水用ポンプとして普及していたものだ。

ワットは、この蒸気機関に興味津々。隅から隅まで観察しまくった。シリンダーの中に

蒸気を送り込んでピストンを上げ、次にシリンダーを水で冷やして蒸気を水に戻してピストンを下げるという蒸気機関の仕組みを理解したワット。同時に、燃料効率の悪さにも気がついたんだ。

ニューコメン型蒸気機関は人間の力の何十倍もの働きをするんだけど、とても大きく、燃料用の石炭も多く要した。ワットは、燃料をたくさん使って作った水蒸気を、すぐに冷やして水に戻すのはもったいないと考えたんだ。この問題を解消するために試行錯誤を繰り返すけど、いっこうに成果は出なかった。なかなか、うまくいかないねぇ。でも、研究を続けるワットに光明が差す。

ジェームズ・ワット（1736-1819）

ある日、気分転換の散歩に出かけたワットは空を流れる雲を見て、ハッとひらめいた。**「シリンダーの中の蒸気も閉じ込めるのではなく、雲のように移動させればいいんだ！」**シリンダー内で温められた蒸気を別の容器に移動させる事で、シリンダー内は高温を保てる。このアイデアが、新しい蒸気機関の大発明へとつながったんだ。

ナイスアイデアの実用化には多額の資金が必要。スポンサーを集め、ワット自身も測量士や土木技師として働いて、資金集めに奔走。この間にワットは娘と妻を亡くすんだけど、苦難を乗り越えて、1776年に最初の実用機が完成。困難に負けずにニューコメン型より小型で強力なワット型蒸気機関を誕生させたんだ。蒸気機関は工場に置かれ、一気に工業が発展した。**産業革命を導いたワット**の栄誉を称え、仕事率の単位に「ワット」という名称がつけられているんだよ。

ここで ジェームズ・ワットの名言！

機械技術の分野に最も必要なのは挫折の歴史である
私はヘマな失敗例を集めた書物がほしい

ワット自身、幾多の失敗や挫折を経験しながらも、人類の発展に貢献する偉業を成し遂げた。失敗から学ぶ事も多いだろうし、挫折あっての成功なんだろうね。

馬力　蒸気機関の働きを示すため標準的な一頭の馬がする仕事を基準としてワットが考えた単位

世界で最も権威ある賞を創設

アルフレッド・ノーベル

アルフレッド・ノーベル（1833-1896）
ダイナマイトを開発したスウェーデンの発明家。遺言によって、遺産をもとにノーベル賞が創設される。

自分の死亡記事に仰天！

世界的なニュースにもなるノーベル賞、みんなも聞いた事があるでしょ？ この賞は一人の科学者の莫大な遺産をもとに創設されたんだ。その科学者の名前はアルフレッド・ノーベル。ノーベルはなぜノーベル賞を作ったんだろう？

ノーベルはスウェーデンのストックホルム生まれ。8人兄弟で、とても貧しい生活だったけど、建築家であり、発明家でもあった父親から科学を学んで育ったんだ。

父親が軍からの依頼で爆発物の製造事業を始めると、これが大成功。裕福となり、十分な教育を受けたノーベルも弟と一緒に父の事業を手伝うようになった。

当時の爆薬はニトログリセリンという液体物質を使っていたんだけど、これは、ちょっとの衝撃で爆発するとても危険なものだった。だから、輸送中や工場での爆発事故が後を絶たなかった。ノーベルも製造過程の爆発事故で弟を亡くしてしまうんだ。

ノーベルは、もっと安全な爆薬が必要だと考え、研究を始める。そして、珪藻土（植物性プランクトンの化石が積み重なった土）にしみ込ませたニトログリセリンは衝撃に強く、点火用の火薬をつけなければ爆発しない事を発見。1866年、ダイナマイトを発明する

んだ。**強い爆発力と安全性を兼ね備えたダイナマイトは、世界中の工事現場や戦争で使われて、ノーベルはたちまち世界一の億万長者となっていった。**

戦争でたくさんの死者を出すダイナマイトを各国に売り込むノーベル。でも決して平和を蔑ろにしていたわけじゃなかった。**むしろ、ノーベルは平和を望んだ上で、「強力な武器を作れば、みんな恐れて戦争をしなくなるだろう」と考えていたんだ。**この考え方が正しいのかは議論の余地があるけど、彼はその後、ダイナマイトを売りまくったのを後悔する事になる。

ある日、新聞を読んでいたノーベルは驚い

た。「死の商人、死す」という見出しで自分、つまりアルフレッド・ノーベルの死亡記事が掲載されていたんだ。実はこれ、ノーベルの兄が亡くなったのをノーベルが死んだと間違って書かれた誤報記事だった。死亡記事に自分の名前があったら、そりゃ驚くよね。でも、ノーベルの驚きはもうひとつあったんだ。

この誤報記事でノーベルは、自身に対する世間の評価を知る事になる。戦争をなくすためにダイナマイトを作っていたのに、世間は「死の商人」と自分を見ていた……ノーベルは大きなショックを受ける。**この汚名を返上するために、どうすればよいかと考え、ノーベル賞創設を遺言書に書いたと言われている。**

アルフレッド・ノーベル（1833-1896）

毎年、「人類に最大の貢献をもたらした人々」に贈られるノーベル賞は誤報をきっかけに、アルフレッド・ノーベルの良心の呵責から生まれた賞だったんだね。

ここでノーベルの名言！

幸せを祈る気持ちだけでは、平和を成す事は出来ない

兵器を生み出した事を後悔し、莫大な遺産を使って汚名を返上したノーベル。願うだけでなく、行動に移さなければ平和は訪れない。人類が平和への道を一歩ずつ進むための一助をノーベル賞は担っているんだ。

ノーベルの恋
～もうひとつのノーベル賞創設秘話～

マンガでこぼれ話

ガソリン自動車の生みの親

カール・ベンツ

カール・ベンツ（1844-1929）
世界で初めて4サイクルガソリンエンジンの自動車を発明し、メルセデス・ベンツ・グループの基礎を築き上げる。

妻は世界初の女性ドライバー？

カール・ベンツは自動車を発明したドイツの技術者……と言っても、ベンツが発明したのはガソリンエンジンで走る自動車。それより以前から自動車は発明されていたんだ。

馬車が人や荷物を運ぶ乗り物だった18世紀、フランスのニコラ・ジョセフ・キュニョーが蒸気で走る世界初の自動車を発明。最初の自動車はガソリンではなく、蒸気で走っていたんだね。でも、蒸気機関の自動車は重くて、スピードは時速10キロ以下。燃料となる石炭と水を大量に必要とするから、どうしても大型になっちゃうんだ。そうなると、徐々に蒸気機関は自動車ではなく、鉄道を舞台に機関車で使われるようになっていった。

その後、多くの科学者が蒸気機関に続く、新たな動力装置（エンジン）の研究に励んだ。機械好きの青年カール・ベンツもエンジンに興味を抱いた一人。大学で機械工学を学び、卒業後は機械工場で働き始める。でも、なかなか自分に合う工場が見つからず、職場を転々としてばかりだったんだ。これでは、新しいエンジンの研究どころじゃない。そう考えたベンツは自分で工場を開く事を決意する。

技術者としての腕は確かだったベンツは、1871年に婚約者のベルタ・リンガーに経済的な協力をしてもらい、機械工作所を立ち

上げる。いくら婚約者でも、工場を作るお金を出しちゃうなんて……ベルタ、スゴいね。

妻と共同所有する事になった工場で、ベンツは新たなエンジンの研究を開始。そして14年間の歳月を経た1885年、**4サイクルのガソリンエンジン自動車をついに開発した。その名も「パテント・モトールヴァーゲン」！世界初のガソリンエンジン自動車の誕生だ。**

根っからの技術者のベンツは開発したガソリンエンジンの自動車に満足する事なく、パテント・モトールヴァーゲンに何度も改良を重ね、世界初のガソリン自動車は次第に普及していく。実は、そこにもまた妻のベルタの貢献があったんだ。

ある日の早朝、ベルタはベンツに内緒でパテント・モトールヴァーゲンに息子二人を乗せて、彼女の実家までドライブに出かけた。その道のりは往復で200キロ。自動車用の道などあるわけなく、未整備のガタガタ道ばかり。もちろん、ガソリンスタンドなんてございません。そんな過酷なドライブだけど、ベルタには狙いがあった。

まず、このドライブの道中でパテント・モトールヴァーゲンは多くの人の目に留まる。その広告効果を狙った、デモンストレーションが目的のひとつ。また、実用的な課題を洗い出す狙いもあった。実家までの道中ではたくさんの故障が発生。そのたびにベルタ自身

が修理をして、自動車の欠点を見つけたそうだよ。試験走行、フィールドテストという目的もあったんだね。

無事に世界初の長距離ドライブを成功させたベルタから問題点を報告されたベンツは技術者として腕を振るい、課題を次々に解決。新たな自動車開発につなげていったんだよ。

ここで カール・ベンツの名言！

発明する事のほうが、発明した事よりもずっと面白い事だ

ベンツのように、何かが出来上がった時、現状に満足せずに、さらに上のレベルを目指すプロセスを面白がれたら最高だね。

自動車の進化の歴史

1769年

フランスのニコラ・ジョセフ・キュニョーが蒸気を動力とする世界初の自動車を製作

1885年

ドイツのカール・ベンツが中心になり、ガソリンで動く自動車を生産

1903年

アメリカのヘンリー・フォードが世界初の低価格車を生産

1936年

ドイツの自動車メーカーメルセデス・ベンツ社がディーゼルエンジンを搭載した乗用車を市場へ

1963年

イタリアのランボルギーニ社が高級スポーツカーを販売

1997年

日本のトヨタ社が量産ハイブリッド社を販売有害排気ガスを低減

そして今…

世界各国で自動運転車の開発競争が繰り広げられている

1000以上の発明をした発明王

トーマス・エジソン

トーマス・エジソン（1847-1931）
実用的な白熱電球の開発や、蓄音機の発明をしたアメリカの発明家。発電所の経営など、実業家でもある。

家庭を明るく照らす発明

トーマス・エジソン、言わずと知れた発明王だね。生涯で1000以上の発明をしたと言われ、84歳で亡くなるまで「私は死ぬまで研究を続ける。そして、あの世に旅立っても、出来なかった研究を続けるだろう」が口癖だったそうだよ。さすが、発明王！

きっと、子どもの頃から勉強がよく出来たのだろうなと思いきや、エジソンは小学校を3か月で退学となっている。でも、成績が悪かったわけではなく、あまりにも好奇心が旺盛過ぎて、先生を困らせるような質問ばかりしてたからなんだ。

学校に通わず、独学で勉強を続け、発明王と呼ばれるまでになったエジソン。その功績の中で最も有名なのは電球、電灯で街や家庭に明かりを届けた事だろうね。

当時、多くの科学者が電気で光を作ろうと考えていた。注目されていたのは「白熱」という現象。電気を通しにくい電線に電気を通すと発熱して、白く光り出すこの現象を利用して、明かりを作ろうとしていたんだ。

しかし、電線（フィラメント）を白熱させると、熱くなってすぐに溶け切れてしまうという問題があった。科学者たちは適したフィラメントの素材を探し、実験を繰り返していた。そして、1878年にジョゼフ・スワン

という化学者が紙や糸を炭化させたフィラメントで発光させる事に成功、白熱電球を発明するんだ。エジソンが電球の発明者と思われがちだけど、それは間違い。電球の発明者はスワンなんだよ。

しかし、スワンが発明した白熱電球は長時間、光る事は難しかったので実用化にはほど遠いものだった。エジソンは実用化のために白熱電球の改良を試行錯誤し続けるんだ。プラチナを使ったり、木綿糸を使ったり、とにかく様々な材料で試すんだけど、なかなかうまくいかない。**エジソンは、世界中に人を派遣して、電球を長持ちさせるための材料を探させ、6000種類ものフィラメントを試し**

たそうだよ。スゴい執念だよね。でも、失敗ばかりが続いたんだ。

それでも、決してあきらめなかったエジソン……ついに、とうとう、ようやく最適な材料を発見する！　**それは日本の京都八幡市の竹。この竹をフィラメントに使った白熱電球は1200時間以上も点灯し続けた。**

1881年、ついにエジソンが開発した白熱電球が発売されるんだ。

実用化された白熱電球を普及させるために、1882年、エジソンはニューヨークに発電所を建設する。各家庭に電気を送ろうと考えたんだね。その便利さに電気を利用する人は増え、白熱電球も大ヒット商品となり、アメリカ中の家庭に広まっていった。

トーマス・エジソン(1847-1931)

エジソンがスゴいのは、発明、実用化だけでなく、普及にも努力した事。エジソンは多くの失敗を重ねて、より多くの人の役に立つ事を考えた発明王なんだ。

ここで トーマス・エジソンの名言！

私は失敗した事がない
ただ、1万通りのうまくいかない方法を見つけただけだ

白熱電球だけでも、エジソンは多くの試行錯誤を重ねた。6000種類ものフィラメントを試した事は決して無駄ではなく、偉大な成功にたどり着くために必要な事だったんだね。

小学校中退の発明王 マンガでこぼれ話

先生！質問です
またエジソンだ
ビクッ
なんでAはエーって言うんですか？
なんで1＋1＝2なんですか？
あとそれから…
なんで？
なぜ？
どーして？
当たり前の事ばかり聞くな！授業の邪魔だ！
小学校を退学になっちゃった
当たり前の事をなんで？って思うのはとても良い事よ
元教師だったエジソンの母は「なんで？」を大切にしてエジソンに勉強を教える事にしました
一緒に調べてみましょう
なんで？
エジソンは「なんでだろう？」という好奇心を持ち続け偉大な発明家となれたのです
これはなんでだ？

声をつないだ発明家

グラハム・ベル

グラハム・ベル(1847-1922)
スコットランド出身、後にアメリカに帰化した物理学者、発明家、工学者。世界初の実用的な電話の発明で知られている。

電話は誰が発明した?

最近は固定電話を置かない家庭も増えているようだけど、携帯電話が普及する以前は、電話と言えば固定電話だったんだよ。初期の固定電話は電線でつないだ電話同士を通信するだけだったんだけど、1920年代には番号で相手につながるダイヤル通話が可能になり、次第に各家庭に普及していったよ。そんな電話の発明者、一般的にはグラハム・ベルと言われている。どうやって電話を発明したのか見ていこう。

ベルは、1847年にスコットランドで生まれた。幼い頃からとにかく好奇心が旺盛、

1章 物理学
2章 医学・生物学
3章 技術・発明
4章 天文学・数学その他

発明や実験に熱心に取り組んでいた子どもだった。ベルの最初の発明は、12歳の頃に友人の父親のために作った脱穀機。製粉所を営んでいた友人の父親が脱穀が重労働だと言うので、単純な脱穀機を作ってあげたんだ。12歳で脱穀機を作るのスゴいし、いい子だよね～。

そう、ベルはとても優しい性格だったらしいよ。ベルの母親には聴覚障害があった。ベルは母親のために手話を覚え、家族の会話を同時通訳していたんだって。また、自分の口を母親の頬に直接当てて、発音すると母親が言葉を理解出来るという方法も発見したそうだよ。お母さん思いだよね。

母をきっかけに、聴覚障害について深く心

グラハム・ベル(1847-1922)

を傾けていくベル。聴覚障害者のための発話法を学び始め、聴覚障害を持つ子どもたちへの教育に関わっていくんだ。後に幼いヘレン・ケラーと出会い、彼女にサリバン先生を紹介しているんだよ。

このような仕事をしている一方で、ベルは幼い頃と同様に絶えず好奇心をあふれさせていた。大学で発声学と弁論術を扱う教授を務め、特に音声の研究に没頭していたんだ。

音の伝送方法を研究をしていたベル、ある実験中に小さな異変に気づいた。電磁石の前で鉄板を振動させると、電線でつないだもうひとつの電磁石の前の鉄板も同様に振動していたんだ。**普通なら見過ごすような小さな変**

化だけど、ベルは見逃さなかったんだ。この小さな発見が大きな発明へとつながっていく。

ベルは工夫を重ねて、話し手側の声を電気信号に変換し、聞き手側でその電気信号を音声に戻すという仕組みを発明。1876年、人の声を電線を通して伝える電話機を完成させるんだ。その後、ベルは特許を取得し、フィラデルフィア万国博覧会で電話を紹介したり、電話会社を創業して電話網を拡大したりと、電話の発展に貢献していく。

しかし、ここでお驚きの事実！　実はベルが発明するより以前に電話を発明した人物がいたのだ。イタリア出身のアントニオ・メウッチが1854年に電話の試作機を開発、資金がなく特許申請が出来なかったという事実があったんだ。長い間、電話の発明者はベルだと言われてきたけど、アメリカ議会は2002年にメウッチが電話の発明者と認めたんだよ。それでも、電話の特許を最初に取り、実用的な電話を開発して、世の中に広めたベルの功績が大きい事に変わりはないよね。

グラハム・ベル(1847-1922)

ここで グラハム・ベルの名言！

偉大な発見や発明は小さいものを観察する事から生まれる

偉大な発明につながる小さな変化にベルが気づけたのは、彼にはあふれる好奇心があったからなんだよね。

電話の発明者は誰だ?レース

ヨハン・フィリップ・ライス
テレフォンという言葉を生み出し 1861 年に電話の試作機を開発したのに評価されなかった!
アントニオ・メウッチ
1871年に開発した電話の特許を申請したけど…
1875年にお金が足りなくて特許の権利を失ってしまった～
1876年の1月に電話の特許を出願! 書類不備で受理されなかった!
トーマス・エジソン
イライシャ・グレイ
1876年の2月14日13:00 電話の特許申請も2時間遅れで却下!
グラハム・ベル
1876年の2月14日11:00 電話の特許申請!
電話の特許権はグラハム・ベルが取得 発明者はアントニオ・メウッチと認定されました!
ワァ
2
1

発明王が恐れた大天才

ニコラ・テスラ

ニコラ・テスラ（1856-1943）
セルビア系アメリカ人の発明家、電気技師、機械技師。ラジオ、蛍光灯、空中放電実験で有名なテスラコイルなどを発明。

エジソンと「電流戦争」勃発！

ニコラ・テスラは発明王として有名なトーマス・エジソン（→P82）と対立した科学者として有名だ。あのエジソンと対立したなんて……二人の間にどんな確執があったのだろう？

1856年に生まれたテスラは、幼い頃に8か国語を習得するほどの天才だった。様々な学問に励み、グラーツ工科大学に入学。大学在学中、授業で使われていたモーターにエネルギーのロスがある事に気づいたんだ。このモーターにも使われていた、当時の主流の「直流電流」という送電方式の不十分さを発見し、もっと効率のいい送電方式を構想し始める。これがテスラの最大の発明、「交流電流」へとつながっていく。

研究を進めた「交流電流」に自信を持ったテスラはある会社に入社する。発明王・エジソンの電力会社だ。**当時、テスラはエジソンをとても尊敬していて、エジソンの会社で自分の才能を発揮したかったんだって。**憧れの人に褒めてもらいたい気持ち、わかるよね。でも、残念ながらその願いは叶わなかった。

当時、主流だった「直流電流」はエジソンの発明。エジソンの電力会社も当然「直流電流」で稼働していた。若きテスラは自らが発明した「交流電流」を取り入れるようエジソンに訴えるんだけど、エジソンも自身の

発明に誇りを持っていたのでテスラの発明を認めようとしなかったんだ。エジソンはテスラに「工場内すべての機械を『交流電流』で動かせたら、5万ドル支払う」と言う。そんな事は不可能だとエジソンは考えていたんだね。

ところが、テスラは「交流電流」による工場の稼働に成功。驚いたエジソンは「冗談だった」と5万ドルの支払いを拒否、さらには「交流電流」の批判もするようになる。**これにテスラは激怒し、会社を退社。ここから二人の「電流戦争」が始まるんだ。**

テスラは自分の会社を作り、「交流電流」の特許を取得、着々と世間にその便利さをア

ピール。一方のエジソンも、『交流電流』は安全性がない」とネガティブキャンペーンを展開。テスラは安全性を証明するために、自分の体に「交流電流」を流しながら読書をするという過激なパフォーマンスを見せて反撃。こんな感じで、天才同士の激しいバトルが続くんだ。

しかし、長く続いた「電流戦争」も1893年のシカゴ万博の照明に「交流電流」が使われた事で決着がつく。世間が「交流電流」の便利さを認めたってわけだ。

偉大な発明王に勝利したテスラは、その後も様々な画期的な発明をするんだけど、当時の社会からはあまり認められなかったものも多かったんだって。それでも特許権によるわずかな収入のほとんどを研究に費やし、自身のアイデアを追求し続けた。1943年、テスラはホテルの一室でほぼ無一文の状態で孤独にその生涯を終えてしまう。

ここで ニコラ・テスラの名言!

独りになれ それが発明の秘訣。
独りになれ
アイデアが生まれるのはそういう時。

テスラは、エジソンという権威や世間の評価にとらわれず、自分のアイデアを信じて突き進んだ。それは孤独な道かもしれないけど、だからこそ独創的な発明が生まれたのかもね。

トーマス・エジソン VS ニコラ・テスラ
ことごとく合わないふたり…
天才とは1%のひらめきと99%の努力である！
天才とは99%の努力を無駄にする1%のひらめきのことである！

何度も実験を行い
何度も失敗を積み重ねながら
新たな発見をする**実験科学者タイプ**

何度も思考実験や理論の確認を行い
完全に成功を確信してから
実験を行う**理論科学者タイプ**

日本の十大発明家の一人

豊田 佐吉

豊田 佐吉（1867-1930）
発明家として、生涯で80件以上の発明特許を取得するとともに、実業家としてトヨタグループの礎を築く。

世のため人のための研究

豊田佐吉は日本の十大発明家の一人に数えられる発明家。幼少の頃から「世のため人のためになる事がしたい」と強く思っていたんだって。そんな佐吉が18歳の1885年、「専売特許条例」という新しい法律が施行される。**発明の奨励と保護が目的のこの法律を知った佐吉は「これだ！　発明こそ、自分の進むべき道だ！」と決意したんだ。**

佐吉は幼い頃に、母が使っていた手織り機を思い出す。織り機というのは、織機とも言い、糸を布地へ織り上げる機械。当時の織機はとても非効率的なものだった。佐吉の住む

静岡県は綿花の一大栽培地で、紡績業が盛んだったから、「織機の効率を上げれば、人のためになるはずだ」と佐吉は考えたんだ。

そして1890年、「豊田式木製人力織機」を開発、翌年、初めて特許を取得する。新しい織機は、これまでよりも生産性が5割も上がり、織物の品質も向上したそうだよ。

多くの人に喜ばれたけど、佐吉は満足しなかった。「豊田式木製人力織機」は人手を使って織る必要があったため、それ以上に生産性を上げる事が出来なかったからだ。「これではまだ人のためにはならない」と考えた佐吉は、動力を使った織機の開発に取り組む。現状に満足しない佐吉、志が高いよね。

試行錯誤を続け、1896年に日本初の動力式織機「豊田式汽力織機」を完成させる。人力から動力になっただけでなく、横糸が切れたら自動停止する装置や、布の巻取り装置など、随所に佐吉のアイデアが詰まった、さらに多くの人に喜ばれる発明だった。

以降も改良を加えた動力織機を次々と開発し、佐吉は会社を起こす。発明で人の役に立ちたいという思いから始まり、会社まで起こしちゃうんだから、スゴい人だよね。

佐吉は常務取締役になるけど、ここでちょっと雲行きが怪しくなってくる。会社の役員になっても佐吉は、品質向上のために毎日研究に没頭していた。すると、発明重視で研究に勤しんでばかりの佐吉の事を快く思わない経営陣が次第に現れ始めちゃうんだ。**権力争い勃発……と思いきや、佐吉はサクッと取締役を辞任、数週間後には欧米へ発ってしまう。国内だけじゃ満足出来なかったんだ。**

この海外視察で、佐吉は「海外に勝ちたい」という思いと、自らの開発した自動織機の自信をさらに深める事になる。帰国後、すぐに新たな会社を設立。そして、1924年に「無停止杼換式豊田自動織機（G型）」の開発に成功する。佐吉が織機の開発で人の役に立つと決心してから、30年以上の年月を経て完成した、まさに集大成がこのG型。生産性や品質において世界一の性能を発揮するんだ。

豊田佐吉(1867-1930)

G型は海外から「魔法の織機」と評価され、イギリスの会社に100万円で権利譲渡される。今の金額に換算すると20～30億円の価値があり、海外に目を向けた佐吉の有能さがわかるね。ちなみに、このお金は佐吉の息子に託され、自動車の研究開発にあてられる。息子の名前は豊田喜一郎。世界的な企業、トヨタ自動車の創業者だ。

ここで 豊田佐吉の名言！

障子を開けてみよ、外は広いぞ

人の役に立ちたいという気持ちを出発点に、世界に飛び出した佐吉。海外にも目を向ければ、大きな可能性は広がっているんだ。

日本の10大発明家
御木本幸吉
真珠の養殖に成功！
池田菊苗
うま味成分の発見！
高峰譲吉
アドレナリンの製法を発明！
杉本京太
邦文タイプライター発明！
本多光太郎
KS鋼の発明！
鈴木梅太郎
ビタミンB1の発見！
三島徳七
MK鋼の発明！
丹羽保次郎
ファクシミリの発明！
八木秀次
八木アンテナの発明！
1985年4月18日、専売特許条例交付100周年を
記念して、特許庁が「永久にその功績を称えるのに
ふさわしい」10人の発明家を選定しました。
私、豊田佐吉もその中の一人！

人類初の動力飛行に成功

ライト兄弟

ウィルバー・ライト（1867-1912）
オーヴィル・ライト（1871-1948）
世界初の動力飛行機の発明家であり、世界初の飛行機パイロット。

おもちゃがきっかけで大きな偉業

1903年12月17日、「ライトフライヤー号」と名づけられた飛行機が世界初の動力飛行に成功した。それまでは、気球や滑空飛行機はあったけど、動力飛行機はなかったんだ。ライトフライヤー号を発明したのがウィルバーとオーヴィルのライト兄弟だ。

ウィルバーは1867年、オーヴィルは1871年に生まれる。二人とも手先がとても器用で工作が大好きな子どもだった。父親からもらった飛行機のおもちゃでよく遊んでいたそうで、その影響で子どもの頃から空を飛ぶ事に強い興味を抱くようになったんだ。

1890年代、世の中で自転車が広く使われるようになり、流行り出していた。すると、ライト兄弟は大学に進学せず、自転車販売店を開業する。最初は自転車を仕入れて売るだけだったんだけど、手先が器用で機械いじりが好きな兄弟だから、修理も請け負うようになり、最終的には自作の自転車を販売するようになっていったんだって。

1896年、兄弟に転機が訪れる。ドイツ人の飛行研究家リリエンタールが、自作のグライダーによる飛行実験の際に墜落死したという記事を目にするんだ。幼い頃から空を飛ぶ事に興味を抱いていたライト兄弟は、リリエンタールの大ファンだったんだって。常に

リリエンタールの研究を追いかけていた兄弟にとって、このニュースはとてもショックだったろうね。**そして、憧れの人の飛行実験による死を受け、ライト兄弟は子どもの頃からの夢を実現しようと決意するんだ。**自転車店を営みながら、「自分たちで空を飛ぶ」という目標に向かって取り組み始める。

兄弟はまず、飛行機に関する資料を大量に取り寄せ、朝に晩に読み漁った。その中にはリリエンタールの遺した実験データもあったそうだよ。もちろん、研究や分析だけでなく、たくさんの飛行実験もした。飛行機の開発だけでなく、操縦技術の習得にも注力していたから、グライダーを用いた実験回数は他の研

究者と比べものにならないほど多かったんだって。自転車店を経営しながらも、とにかくたくさんの飛行実験をしたんだね。

度重なる実験の末、ついにライト兄弟は初飛行に成功する。1903年12月17日、12馬力のエンジンを搭載したライトフライヤー号は、記念すべき動力初飛行を成し遂げたんだ。その記録は、59秒の飛行時間、飛行距離は260メートルだった。この瞬間に立ち会ったのはわずか5人だったらしいよ。人類初の偉業はなかなか世間に信じてもらえず、ライト兄弟の功績が認められるのはずっと後になってからだったんだ。

ライト兄弟は、何度も実験をしたって言ったよね。**実験回数の多さは失敗した数の多さでもある。どんなに失敗を重ねても、兄弟の心は決して折れなかったんだ。むしろ、この期間を充実した日々だったって兄弟は振り返っているよ。**子どもの頃、飛行機のおもちゃで遊んでいた時と同じような気持ちで夢中になっていたのかもしれないね。

ウィルバー・ライト(1867–1912) オーヴィル・ライト(1871–1948)

ここで ライト兄弟の名言！

夢中になれるものがあったので、朝が待ち遠しかった それが幸せというもの

子どもの頃からの夢を忘れず、一心に取り組み続けたライト兄弟。夢中になれるものを見つけるという事が偉業への第一歩なんだね。

人類、空への憧れの歴史
15世紀ごろ
レオナルド・ダ・ヴィンチが
現代のヘリコプターを思わせる
スケッチを残す
18世紀
モンゴルフィエ兄弟の
熱気球が
初有人飛行に
成功
19世紀
ジョージ・ケイリーが
滑空グライダーを制作
そして20世紀
ついに僕たちライト兄弟が
エンジン付き飛行機で
空を飛ぶ事に成功！
その名も
ライトフライヤー1号！
航空機時代の幕を開いたぞ！

新幹線を生んだ男

島 秀雄

島 秀雄（1901-1998）
昭和初期〜中期に鉄道省、国鉄で鉄道技術者として活躍。新幹線の設計、開発に関わり、「新幹線の父」と呼ばれている。

親子の夢を乗せた高速鉄道

1964年に開業した日本の新幹線は、速度、輸送力、安全性において世界の高速鉄道の先駆けとなる存在。その開発の中心となったのが島秀雄だった。

秀雄の父、安次郎も明治から大正にかけて、鉄道界を支えた有名な鉄道技術者だった。父親の影響もあって、秀雄は鉄道省に入省。蒸気機関車の開発に携わり、日本の機関車製造最大車両数を誇る名機「D51形」を生み出したんだ。デゴイチの愛称で親しまれるこの機関車、鉄道好きなら知っているかもね。

1936年、優秀な若き技術者だった秀雄

は欧州の鉄道事情を見て、電車による高速度運転、高密度輸送の必要性を痛感。「日本にも高速鉄道が必要だ」そう決意したのだけど、簡単なものではない。まず、国内の鉄道のレール幅を広軌（1435ミリ）と呼ばれる幅にしなければならない。当時の日本のレール幅は、低コストで導入出来る狭軌（1067ミリ）が採用されていたんだけど、これは高速鉄道に向かないものだったんだ。

広軌レールを国内に敷くのは、並大抵の事業ではないけど、秀雄の決意は揺るがない。それは、安次郎も同じだったんだ。1940年、安次郎がけん引する「弾丸列車計画」に秀雄も参加。親子の挑戦が始まった。

「弾丸列車計画」は新幹線のルーツと言えるもので、全線に広軌レールを使用、時速150キロの高速列車で東京～大阪間を4時間半、東京～下関間を9時間で結ぶという壮大な計画。島親子は高速鉄道の実現に奔走するのだけど、ここで暗雲が立ち込め始める。

太平洋戦争の激化だ。戦争のせいで計画は頓挫してしまうんだ。そして、安次郎は新幹線を見ずに、終戦の翌年に他界。しかし、親子の夢が絶たれる事はなかった。

戦後の混乱期でも秀雄は、国有鉄道（国鉄）の若い職員たちと密かに研究を続ける。**蒸気機関車に替わって電車が主役になり、高速列車が求められる時代になると確信し、ど**

んな困難な時も前を向き続けていたんだね。

しかし、再び計画は頓挫する。1951年に鉄道史に残る大惨事「桜木町事故」が起こるんだ。京浜東北線で火災による死者106名の大事故。事故を起こした電車を設計した秀雄は心を痛め、国鉄を辞めてしまうんだ。

そんな秀雄を国鉄に呼び戻したのが、1955年に国鉄総裁に就任した十河信二だった。当時、秀雄は他社で取締役を務めていたので、国鉄に戻って新幹線を建設してほしいという十河の依頼を固辞するんだけど、十河は熱く秀雄に訴える。「広軌が実現出来なかった父親の無念を、子として完成する義務があるだろう。親父さんの弔い合戦をしよう」

島秀雄(1901-1998)

秀雄は決断し、技師長として国鉄に復帰。新幹線建設プロジェクトはとても難しい仕事だったけど、戦前からの鉄道技術を集約させ、十河との二人三脚で成功させる。1964年、開業した新幹線は日本が世界に誇る鉄道技術の結晶と言えるものだったんだ。

ここで 島秀雄の名言!

「出来ない」と言うより「出来る」と言うほうがやさしい

「出来ない」って言うのは簡単だけど、それって安易にあきらめているだけ。秀雄は幾度の困難にも負けず、「出来る」方法を模索し続けたんだ。

世界の主な高速鉄道
フランス
TGV
2007年に 時速575キロという 驚異的な記録を樹立！
イタリア
フレッチャロッサ1000
2016年に 時速394キロを 記録したぞ！
中国
和諧号
営業運転では350キロだけど、試運転では時速486キロを記録！
日本
超電導リニアL0系
試験走行で 時速603キロの記録を 打ち立てたよ！

世界の生活スタイルに革新を起こす
スティーブ・ジョブズ

スティーブ・ジョブズ（1955-2011）
Apple社の創設者の一人であり、Macや iPhoneの生みの親として知られる実業家、工業デザイナー。

貪欲な行動力と発想力がスゴい！

世界的に有名な大企業Apple社を創業し、Macや iPhone、iPadなど、世界中の人が利用しているデバイスを生み出したのがスティーブ・ジョブズ。今では普通に使っているパソコンやスマートフォンだけど、ほんの数十年前までは普通じゃなかったんだよ。そういった製品を生み出し、世の中の価値観やライフスタイルを一変させたのが、スティーブ・ジョブズなんだ。享年56歳という短い生涯だけど、亡くなった後も彼の作り出した製品や言葉は世の中に大きな影響を与えているんだ。

1955年に生まれたジョブズ、幼少期は宿題もせずに、いたずらばかりしていたそうだけど、頭はとても良くて、1年飛び級して中学に入学したほどだったんだ。

16歳の時、友人のスティーブ・ウォズニアックが不正に無料で長距離電話が出来る機械を自作する。すると、ジョブズはそれを学生相手に売り捌く事を思いつき、すぐに実行。**16歳で、不正な機械を学生相手に売ろうなんて、普通は思わないよね。**でも、そういった**普通じゃない考えをするのがジョブズだったんだ。**結果、二人は大儲け、大きな利益を得た。こういったジョブズの行動力が後の偉業の数々を生み出していくんだ。

スティーブ・ジョブズ(1955-2011)

1976年、今度はウォズニアックはマイクロコンピュータのキットを設計、開発する。マイクロコンピュータというのは、パソコンと同じようにプログラムを実行して処理するコンピュータの部品のひとつ。ウォズニアックは、ほぼ独力で開発したんだって。

ウォズニアックはこれを無料配布する事を望んだけど、またまたジョブズはこのマシンを利用したビジネスを始めるべきだと主張するんだ。ジョブズ……ホント、貪欲だよね。ウォズニアックは当初、難色を示すんだけど、ジョブズに押し切られちゃう。

ジョブズには商売になるという確信があったんだろうね。彼は愛車を売ってまで資金を集め、Apple Iと命名されたこのコンピュータを販売する事業をスタートさせるんだ。これが、Apple社の創業だよ。

ここまで見てわかるように、**実はジョブズは技術者というより、ビジネスマンだね。**Apple社をともに立ち上げたウォズニアックがとても優秀な技術者で、ジョブズは行動力や発想力に優れているタイプだったみたい。ウォズニアックも後に「僕がスゴい設計をするたび、それでお金を儲ける方法をスティーブが見つけてくる」と話しているんだ。

ジョブズの発想力と行動力、ウォズニアックの技術力、そしてパソコン市場の拡大でApple社はどんどん大きくなり、2011年、一時的に時価総額で世界一となる。

一般家庭向けのコンピュータにニーズがあると思えばiMacを、音楽の聴き方の改革を思いつけば「ポケットに1000曲を」というコンセプトでiPodを、ジョブズは誰も考えつかない革新的な製品を多数生み出し続け社会現象を起こしていったんだ。

ここで スティーブ・ジョブズの名言!

ハングリーであれ 愚か者であれ

現状に満足せず、賢い常識人であろうともしないジョブズ。妥協のない行動力と常識にとらわれない発想力が彼の偉業の源だったんだ。

まだまだあった！スティーブ・ジョブズのスゴイ伝説・マンガでこぼれ話

人類の歴史を変えた世界の三大発明を君は知っているか!?

偉大な発明は世の中を一変させる。15世紀から16世紀、ヨーロッパで普及し、世界中に大きな影響を与えた3つの発明……それを世界三大発明と呼ぶぞ!

世界三大発明その①

火薬

最初の火薬である黒色火薬は、9世紀の中国で不老不死の薬を作る過程で生まれたそうだ。その後にヨーロッパに伝わる。15世紀末には火縄銃も普及。新たな武器を持ったヨーロッパ諸国は世界中に植民地を獲得し、勢力を拡大していったんだ。

世界三大発明その②

羅針盤

方位や進路を測るための方位磁針（コンパス）の事。中国で3世紀頃に使われていたものが、13～14世紀にヨーロッパに伝わり、改良されて実用化された。正確な方位を知る事で航海技術が発達。ヨーロッパ諸国の海外進出が盛んになり、大航海時代を迎える。

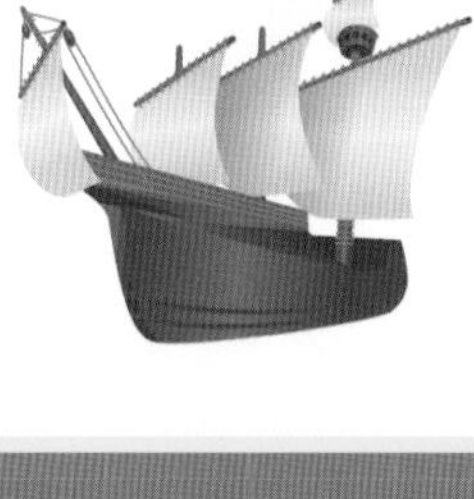

世界三大発明その③

活版印刷

文字の判子（活字）を並べて文章にし、それにインクを塗って紙に文字を転写する印刷方法。15世紀、ドイツのヨハネス・グーテンベルクが開発。大量印刷が可能になり、聖書や学術書、実用書が広く普及。知識や情報が一般市民に浸透し、文化や社会の発展に影響を与えた。

疑う事は発明の父である

第4章 天文学・数学・その他

人間は考える葦である

時間の無駄は人生最大の浪費
失った時間は二度と返ってこないのだから

生み出した物の使い道を決めるのに
科学者は適さない

数学は孤立した
学問ではなく、
あらゆる人間の知識の
基礎の鍵である

歩け、歩け
続ける事の大切さ

鉄は使わないと錆びる
水は放置すると腐り、寒空では凍る
同じように才能も怠惰で
いればダメになる

時代の先を行く万能の天才

レオナルド・ダ・ヴィンチ

レオナルド・ダ・ヴィンチ（1452-1519）
『モナ・リザ』や『最後の晩餐』など数々の名作を残したイタリアの芸術家。芸術以外にも数学、解剖学、天文学、物理学など様々な分野で功績を残す。

アイデアを書きとめろ！

みなさん、レオナルド・ダ・ヴィンチの名前は知っているかもしれないね。知ってるけど、ダ・ヴィンチは科学者じゃなくて、芸術家じゃんって思った？

確かに、ダ・ヴィンチは『モナ・リザ』や『最後の晩餐』などの世界的に有名な傑作を描いた画家だけど、芸術は彼の功績のほんの一部。ダ・ヴィンチは史上最も多才な人間と言われ、その功績は建築、数学、解剖学、動植物学、気象学、地質学、地理学、物理学、工学などなど……めっちゃ多様なんだ。

1452年に生まれたダ・ヴィンチは初等

学校に通わず、独学で勉強していた。学校に通わずに、独学で勉強する偉人って多いよね。14歳の時、芸術家のヴェロッキオに弟子入り。彼の工房でダ・ヴィンチは絵画、彫刻などの芸術面だけでなく、機械工学、木工などの様々な分野の知識を吸収していくんだ。

ヴェロッキオのもとで才能を開花していくダ・ヴィンチ。1475年頃に師匠のヴェロッキオとの合作『キリストの洗礼』を描き上げた。この作品でダ・ヴィンチは幼い天使を描いたんだけど、その絵が素晴らしいものだったんだ。ダ・ヴィンチの才能に驚いたヴェロッキオは画家としての自信をなくし、二度と絵画を描く事はなかったんだって。

師匠に引退を決意させるほどの才能を持っていたダ・ヴィンチだったけど、遅筆で未完成作品が多く、また依頼された内容と違う絵を描くという事がたびたびあったそうだ。ちょっと、困ったちゃんだね。でもね、どのように描くかと丁寧に考え抜き、オリジナルのアイデアを作品に反映したという事でもあるんだ。**非難されても、ダ・ヴィンチはそのスタイルを崩す事はなく、芸術以外の分野にも興味を抱き、あふれてくるアイデアをどんどんノートに書きとめ続けていくんだ。**

例えば、ダ・ヴィンチの残した『鳥の飛翔に関する手稿』ではヘリコプターの原理を考案している。実際にヘリコプターが開発されるよりも400年以上前にだよ。材料に木材や布などしか利用出来なかった当時では、現代のように軽くて丈夫な回転翼を生み出すのは不可能なので、制作はしていないけど、ヘリコプターの構造を概念化させたのはダ・ヴィンチが最初だと言われている。

他にも自転車や戦車のスケッチなど、彼が残した多くの手稿には、当時では実現不可能なアイデアがたくさん書かれているんだ。ちなみに、手稿に書かれた文字の多くが鏡文字、つまり左右逆に書かれていて、鏡に映さないと読むのが難しい文字なんだよ。アイデアの秘密を守りたかったのかもしれない。

レオナルド・ダ・ヴィンチは複数の人間が名乗っていた……という説もある。そう思いたくなるほど、多くの芸術作品を残し、さらには、実現不可能な何百年も先の時代の技術をたくさん発案し続けていたんだから、本当に才能あふれる人だったんだね。

レオナルド・ダ・ヴィンチ(1452-1519)

ここで レオナルド・ダ・ヴィンチの名言!

鉄は使わないと錆びる
水は放置すると腐り、寒空では凍る
同じように才能も怠惰でいればダメになる

どんなに、才能があったって、それをアウトプットしないと意味がない。実現不可能なアイデアだって、それを書きとめる事が、次のアイデアを生み出すんだよ。

モナ・リザの謎

謎が多い人物、レオナルド・ダ・ヴィンチ。
世界で最も有名な肖像画『モナ・リザ』にも
たくさんのミステリーが隠されているらしい

謎1 モナリザの正体

何人か候補はいるが、誰をモデルにしたかは謎。
一説にはダ・ヴィンチ自身とも言われているが？

謎2 瞳の文字

モナ・リザの瞳の中には黒い絵の具で文字が書かれている。右目にはダ・ヴィンチのイニシャル「L」と「V」、左目には「B」の文字。これはなんのメッセージ？

謎3 絵の下にもう一人の女性が…

絵の下に3つの異なる絵がある事が判明。表面のモナ・リザと違い、微笑んでいない女性が描かれていたのだ。この女性がモデル？

天文学の父

ガリレオ・ガリレイ

ガリレオ・ガリレイ（1564-1642）
イタリア出身の天文学者。天文学にとどまらず、物理学や数学など幅広い学問の分野で大きな功績を残す。

科学的手法で真実を主張

「それでも地球は動いている」でお馴染みのガリレオ・ガリレイ。彼は1564年、イタリアで生まれた。音楽家で音響学者でもあった父の勧めで医師を志して大学に入学。若い頃から議論が好きで、大学教授だろうと誰だろうと相手が納得するまで自分の主張を説き続けたらしいよ。

と言っても、難癖をつけていたわけじゃない。ガリレオの主張はいつも実験や観察を検証した結果をもとにした正しいものだったんだ。客観的データを検証する科学的手法は現在では当然だけど、当時はそのような方法は少数。古い学説や宗教観にとらわれている学者ばかりの時代だったんだ。

　でも、**ガリレオは正しいはずの主張を曲げる事や筋が通らない事が嫌だった。だから、客観的データによる正論を主張し続けたんだね**。そして、そんな性格だからこそ、ガリレオの偉大な功績があるとも言えるんだ。

　様々な分野で優れた実績を残したガリレオ。特に有名なのが地動説の提唱。地動説とは「地球を含む天体が太陽の周りを回っている」という説の事ね。地球が太陽の周りを回る公転は小学生でも知っているよね。これもまた、現在では当然だけど、当時は「太陽を含む天体が地球の周りを回っている」という

ガリレオ・ガリレイ（1564-1642）

天動説が信じられていたんだ。

　ガリレオより以前に、コペルニクスという天文学者が天体観測を重ね、地動説を主張した事があった。しかし、あまりにも斬新な説で、「地球こそがこの世の中心である」という当時のキリスト教の考えもあって支持される事はなかったんだ。

　しかし、**当たり前と信じられている天動説をガリレオは素直に受け入れられない。「本当に正しいの？」と疑い、自ら制作した望遠鏡で天体観測をしてみた**。すると、「木星の周りを回る4つの衛星」や「金星の満ち欠け」などを発見。これらの発見をもとに検証を重ねて、コペルニクスが提唱した地動説こそが

正しいという結論にたどり着くんだ。

しかし、キリスト教の教えに背く考えという事を理由に1616年、裁判の判決でガリレオは地動説を唱える事を禁止されてしまう。だけど、そこで引き下がるガリレオじゃない。「唱えなければいいんでしょ」とばかりに、『天文対話』という天動説の矛盾と地動説の正しさが理解出来る一般書を出版するんだ。そして、これがベストセラーとなっちゃう。やるじゃん、ガリレオ!

でも、こんな事をして、ただで済むはずもない。再び法廷に立たされたガリレオは、1633年、地動説が間違いだと認めなければ拷問にかけると言い渡されちゃうんだ。正しい事を主張したいガリレオも渋々、地動説をあきらめる誓いを読み上げさせられた。

すべての執筆を禁止され、自宅に軟禁されたガリレオ。でも、おとなしく過ごすわけもなく、こっそりと外国で科学本を出版したりしたんだって。1642年、77歳で息を引き取る最後まで、正しい事を主張し続けたガリレオだったんだ。

ガリレオ・ガリレイ (1564-1642)

ここで ガリレオ・ガリレイの名言!

疑う事は発明の父である

当たり前とされている事を、当たり前だと考えずに、実験や観測をもとに正しい事を求めた姿勢がガリレオの偉業を生んだんだ。

地動説だけじゃない！
歴史に残るガリレオの大発見 in ピサ
ピサの斜塔
落体法則
重さの違う物体でも
同じ高さから落ちれば
同じ速さで地面に落ちると
思うんだよね
ぱっ
ボトッ
ホントだ！
重いほうが速く
落ちると思ってた～
ピサの大聖堂
振り子の揺れ幅が
大きくても
小さくても
往復にかかる
時間は同じだぞ！
振り子の法則
さらに実験により おもりの
重さではなく 振り子のヒモの
長さによって往復にかかる時間に
差が出る事を証明しました

引きこもり、考え続けた天才

ブレーズ・パスカル

ブレーズ・パスカル（1623-1662）
フランス出身の数学者、物理学者、哲学者。「パスカルの定理」や「パスカルの原理」などを発見した。

子どもの頃からズバ抜けた才能

並外れて優秀な子どもの事を「神童」って呼ぶよね。ブレーズ・パスカルは、まさに神童！　ザ神童！　キングオブザ神童！　え？　言い過ぎ？　いやいや、それくらい言ってもいいほどだったんだ。

どれくらい早熟の天才だったかと言うと

・3歳で大人も困る高度な質問を連発！
・11歳で音が出る事を不思議に思い、「音響論」という論文を執筆！
・12歳の時に、三角形の内角の和が180度になる事を独学で証明！

他にも1からnまでの和が（1＋n）n／2

である事を独学で証明したり、「円錐曲線試論」というメチャクチャ難しい理論を発表したり、とにかく周囲が驚く天才っぷりを子どもの頃から見せていたパスカル。「アルキメデス（→P10）の再来」なんて言われていたんだ。

そんな神童のパスカルには、悩みもあった。それは、体がとても弱かったという事。子どもの頃からずっと病弱で、大人になっても変わらずだった。20代の頃のパスカルの様子を姉がこう書き記している。

「温かい飲み物を1滴ずつしか飲めない。いつもヒドい頭痛に悩まされ、激しい発熱もあった。医者からは2日に一度、下剤を飲まなければいけないと指示を出されていた」

相当にツラそうだ。でも、そんな状態でも**パスカルは学ぶ事をやめなかった。まさに命を削りながらも、学問を究めていったんだ。**

とはいえ、さすがに父親も心配になり、医師に相談。気晴らしのために社交界デビューさせる事にしたんだ。社交界というのは、貴族などの上流階級の人たちが話をしたり、遊んだりして、交流する場。そういう場で楽しめばパスカルの体調も良くなるんじゃないかって考えたんだけど……ダメだった。

パスカルはあまりコミュニケーションが上手じゃなかったんだ。貴族たちと話す内容は物理学や数学の事ばかり。当然、話されたほうはチンプンカンプンだから、お互い楽しめないよね。すぐに、パスカルは社交界を去り、あまり人と接する事もなくなった。家での引きこもり生活になっていったんだ。

でもね、暗い部屋の中、一人でボーっとしていたわけじゃない。パスカルは数学や物理の研究に励んだんだよ。さらに、パスカルには、神学者や哲学者の一面もあった。神について考えたり、人の生き方についても思いを巡らせたんだ。**「幸せとは何か？」「死とは何か？」、そういった事を思案するパスカルはやがて、貧しい人たちを救済する行動を起こすようになる。**

「5ソルの馬車」と呼ばれる、格安でパリ市内を廻る乗合馬車を考え、実現。当時、お金持ちが所有するだけだった馬車を、平等に貧しい人も利用出来るようにしたんだ。今で言うバス。世界初の公共交通機関だね。

パスカルは、引きこもり生活の中で、好きな学問について、人間の幸せについて、貧しい人たちの暮らしについて常に考え続け、39歳の若さでこの世を去ったんだ。

ここで ブレーズ・パスカルの名言！

人間は考える葦である

葦というのは細長い植物。葦も人間も簡単に折れてしまう弱い存在だけど、人間は考える事が出来る。それが人間の特徴。だから、考え続けなければいけないと、パスカルは説いたんだ。

パスカルはいつでも貧しい人たちの味方。マンガでこぼれ話

アメリカ合衆国建国の父

ベンジャミン・フランクリン

ベンジャミン・フランクリン（1706-1790）
アメリカの政治家、文筆家、物理学者、気象学者。1776年、アメリカ独立宣言の起草委員となる。

多方面にチャレンジして活躍！

ベンジャミン・フランクリンはアメリカの100ドル紙幣の肖像画として印刷されている人物。彼の政治家としての功績は素晴らしいんだけど、政治家以外の顔もたくさん持っているというのがフランクリンのスゴいところなんだ。実業家であり、文筆家でもあり、学者でもあり……命知らずな実験を行った発明家でもあるんだよ。その生涯を追いながら、彼が行ったトンデモ実験も紹介しよう。

ベンジャミン・フランクリンは1706年、まだイギリスの統治下だったアメリカで生まれた。家はとても貧しく、フランクリンは10

歳までしか学校に通えなかったんだ。学校教育を終えたフランクリンは、新聞を印刷発行していた兄を手伝い始める。子どもの頃から働かざるを得なかったわけだけど、記者として働きながら、独学で文章を勉強し、13歳の頃には人気コラムニストとして活躍するんだ。13歳で大人が読む新聞のコラムニストになっちゃうなんてスゴい！

その後、20代前半で独立し、印刷業を起業したフランクリンは、**1732年に『貧しきリチャードの暦』という日めくりカレンダーを発行。このカレンダー、ただのカレンダーじゃなかったんだ。**ちょっとした格言とかユーモアある実用的な教訓が書かれていて、それが大ウケ、大ヒット！ 毎年、1万部以上売れるベストセラーとなり、フランクリンの知名度は一気に上がる事になるんだ。

実業家、文筆家として成功したフランクリン。今度は政治家としての道を歩み始める。もちろん、政治家でも才能を発揮しまくりだ。ペンシルベニアの議員や初代郵政長官などを務めた後、**アメリカ独立宣言の起草委員、つまり独立宣言の原案を作成する5人のメンバーの一人に選ばれる。**イギリスとの独立戦争時は外交官として欧州の各国と交渉、「イギリスの味方しないでね」と約束させる事にも成功。政治家としても超有能！

こんなに多方面で活躍するフランクリン、

学問でも才能発揮！ 自然科学、人文科学、哲学などを独学で学び、現代でも役立っている発明を数多くしているんだ。そのひとつが雷が人や建物に落ちないようにする避雷針。

避雷針はフランクリンの命がけの実験から発明されたものなんだよ。当時、謎が多かった雷に興味を持った彼は、瓶を糸の先にくくりつけ、嵐の中で凧あげを行ったんだ。雷は凧に落ち、糸を伝って、瓶へと入る。瓶の中に電気が貯まっていた事から、雷の正体は電気だと証明したんだ。**実験方法はあまりにも危険で、フランクリンが命を落とさなかったのは運が良かっただけなんだけど、雷＝電気という発見は大きな功績だった。**

ベンジャミン・フランクリン（1706-1790）

十分な教育を受けられなかったけど、怠ける事なく努力を重ね、多方面で活躍しまくったフランクリンは、アメリカ人が最も尊敬する人物の一人と評されているよ。

ここでベンジャミン・フランクリンの名言！

時間の無駄は人生最大の浪費
失った時間は二度と返ってこないのだから

人生の時間は限られているけど、可能性は無限。ひとつの事に集中して取り組むのもいいけど、一度しかない人生なんだから、いろんな事に挑戦するのもいいよ。どちらにせよ有限の時間は大切にしなきゃね。

貧しい家庭で育ち
十分な教育も
受けられなかった
男が…
時代を先取る
自己啓発本を
出版!?
時間が
あるからこそ
待つな
早寝早起きは
健康と富と
知恵の源
貧しき
リチャードの
暦
ベンジャミン・
フランクリン
貧しきリチャードの暦
ベンジャミン・フランクリン
政治家
文筆家
物理学者
などなど…
マルチな才能で
大活躍のヒントが
この一冊に!
時は
金なり
蜜より
甘いのは
お金だけ
明日
すべき事が
あるなら
今のうちに
せよ
マネをすれば
すぐに役立つ
名言がいっぱい!
発売たちまち
ベスト
セラー!!
危険な
ことは
マネしちゃ
いか～ん!!

数学界の巨人

レオンハルト・オイラー

レオンハルト・オイラー（1707-1783）
スイス出身の数学者。数学全分野において多大な功績を残し、後世にも影響を与える。オイラーの公式、オイラーの定数などが有名。

両目を失明してもヘコたれない

みんなは算数って好き？　算数が苦手で嫌いって子は、「たし算と引き算と掛け算と割り算が出来ればいいじゃん。因数分解なんて、勉強する意味ないよ」って思っていないかな？　そんな子に役に立つ……のか、わからないけど、偉大な数学者を紹介しよう。

その数学者の名前はレオンハルト・オイラー。スイス出身の18世紀の数学者で、多くの業績と、後世に与えた影響力の大きさから「数学界の巨人」って呼ばれているぞ。

オイラーの業績で特に有名なのが、オイラーの等式を発見した事。

$e^{i\pi}+1=0$

これがオイラーの等式。世界一美しい数式と呼ばれているんだ。この等式の何がスゴくて、どう美しいかと言うとね……う~ん、それを説明するには、ここはあまりに余白が足りないので、省略。とにかく、この等式は「史上最も偉大な等式」、「数学的な美の絶対的基準」、「全ての数学分野において最も有名な式」って絶賛されているんだ。なんだかわからないけど、とにかくスゴそうだね。

それじゃ、わかりやすいオイラーのスゴさを紹介しよう。まず、**オイラーは人類史上最多の論文を書いたと言われている。年間平均800ページの論文を50年以上に渡って執筆、**

レオンハルト・オイラー(1707-1783)

総ページ数は5万ページを超えているんだ。もちろん、論文の内容もあっと驚くものばかり。時には30分で1本書き上げた事もあったみたい。質、量ともに最高のオイラーの論文は全集にまとめられて1911年から刊行され続けているんだけど、100年以上経った今でも完結していない。5万ページもあるんだから、まとめるのも大変だよね。

続いてのスゴい点は、計算力の高さ! 計算機がない時代にオイラーの研究を支えたのは類まれなる計算力だったんだ。なんと、8桁どうしの掛け算を頭の中で計算して、数秒で答えを出しちゃうんだって。**「人が息を吸うように、鳥が空を飛ぶように、オイラーは**

計算をする」って評されるほどだった。

しかし、仕事のやり過ぎのせいか、突然、右目の視力を失ってしまう。普通なら落ち込むけど、オイラーは、「前より気が散らず、集中出来る」と言って、さらに研究に打ち込むんだ。その後、左目の視力も失うんだけど研究は止まらない。両目を失明しても研究を続け、月の軌道を算出するという人類初の偉業を成し遂げるんだ。

オイラーの公式、オイラーの定数、オイラーの多面体定理……オイラーの名前がつく定理や公式はたくさんある。**そのどれもが数学界に大きな影響を与えたんだけど、実は数学分野に限られた話ではない。**電気工学では、

オイラーの公式のおかげで回路に流れる電流を計算する事が出来るし、プログラミングでシミュレーションを行う際、オイラー法が使われ、経済学でもオイラー方程式が登場する。他にも社会学や音響学など、様々な学問でオイラーの名前は現れるんだよ。

レオンハルト・オイラー(1707-1783)

ここで レオンハルト・オイラーの名言！

数学は孤立した学問ではなく、あらゆる人間の知識の基礎の鍵である

学問どうしって、必ずどこかでつながっているんだ。数学に限らず、孤立した学問なんてない。だから、色んな事に興味を持って学ぶ事が大切なんだよ。

オイラ〜の挑戦状
一筆書きできない図形はど〜れだ？
A
B
C

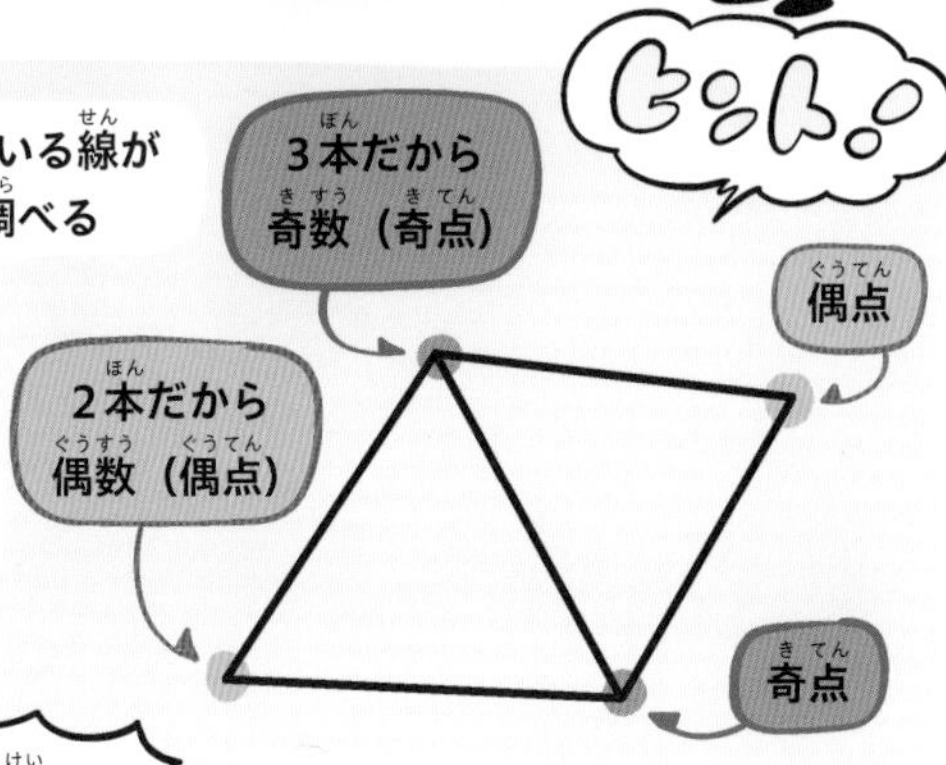

すべての角から出ている線が偶数か奇数かを調べる

⇩

すべての角が偶点
もしくは
奇点が2つ

⇩

一筆書きできる図形！

A すべて偶点

B 奇点が2つで他は偶点

C 奇点が4つある

おいらは一筆書きができる図形の見分け方を発見したのだ！

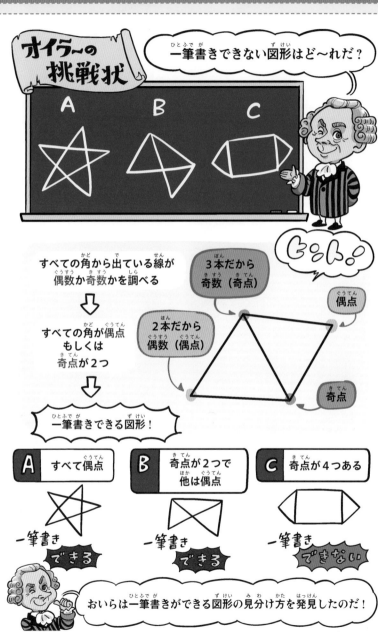

地球一周分を歩いた男

伊能 忠敬

伊能 忠敬（1745-1818）
江戸時代の天文学者、地理学者、測量家。55歳から日本全国を測量し、日本で初めて日本全土の地図を作る。

尽きる事ない挑戦心と行動力

江戸時代に日本の歴史上初めて科学的な測量を行い、日本全土の精密な地図を作成したのが伊能忠敬。人工衛星を使ったGPSもないし、飛行機も自動車もない時代。どうやって日本全国を測量したかというと……ひたすら、歩いた。東北、北海道を皮切りに関東、東海、北陸、近畿、中国、四国、九州と日本全国を歩いて測量したんだ。その距離、4万キロ！　地球一周分に相当する距離だよ。

忠敬は1745年、現在の千葉県の九十九里町で生まれた。17歳で酒造業や金融業、運送業を営む千葉県佐原村の伊能家の婿養子になり、伊能家十代目当主になるんだ。忠敬は、才覚を発揮して、伊能家をどんどん栄えさせたらしいよ。商売人として有能だったんだね。

さらに、忠敬には学才もあった。暦学や天文学を独学で勉強していたんだ。暦学は、太陽、月、暦の運行を観測して、カレンダーを作る学問。江戸幕府には暦学に基づいてカレンダーを作る天文方という部署もあったんだ。忠敬は、旅行先の方位や緯度をまとめていたほど、暦学、天文学への興味があったそうだよ。家業をこなしながら、学問にも取り組むなんてエライ人だ。

そして、ついに忠敬の学問への熱量がMAXを迎える。49歳で家督を長男に譲り、天文

学を本格的に学ぶ事を決意。50歳の時、江戸に出て、天文方の高橋至時の弟子になるんだ。至時は当時の天文学の第一人者。家に本格的な天文観測施設を置いていたほどだから、学ぶには最良の人だ。**でも、高橋至時は当時31歳。19歳も年下の若者に教えを請うというのはなかなか出来ないと思うよ。忠敬の学問への情熱がうかがえるね。**

学びを続ける忠敬は次第に地球の大きさを知りたくなる。そのために、子午線（地球の赤道に直角に交差し両極を結ぶ曲線）1度の距離を求めようとしたら、至時から「蝦夷地（北海道）まで行って、江戸との距離を測る必要がある」って言われてしまう。

そう言われたら行くしかない……って事で、1800年に忠敬の蝦夷地までの測量が始まった。この時、忠敬は55歳。奥州街道を北上し蝦夷地を目指す。**距離の測量に用いたのは、なんと自分の歩数！ 忠敬は、事前に自分の歩幅を計測し、毎回同じ歩幅で歩けるように訓練していたんだって。**

地道に歩いて測量を続け、180日かけて江戸～蝦夷地を往復。測量データをもとに20日間で作成した地図は高い評価を得るんだ。翌年、第二次測量に取り掛かり、第十次測量まで17年かけて日本全国を歩いて測量した忠敬。でも、伊豆諸島を測量した九次測量は高齢だったため忠敬は不参加。さらに、測量を終えて地図作成の途中で忠敬は亡くなってしまうんだ。73歳の生涯だった。

若い頃から独学で勉強を続け、高齢になっても情熱を失わず挑戦を続けた忠敬の思いは弟子たちが受け継ぎ、『大日本沿海輿地全図』は完成。初めて国土の正確な姿が明らかになったんだ。

伊能 忠敬(1745-1818)

ここで伊能忠敬の名言！

歩け、歩け。続ける事の大切さ。

「継続は力なり」ってよく聞くけど、忠敬が言うと説得力あるね。長い時間をかけて、大きな仕事をやり遂げた伊能忠敬。まさに「千里の道も一歩から」だ。

1章 物理学
2章 医学・生物学
3章 技術・発明
4章 天文学・数学その他

「正確すぎる地図」が起こした悲劇。マンガでこぼれ話

類まれな才能を持ったコンピュータの父

ジョン・フォン・ノイマン

ジョン・フォン・ノイマン（1903-1957）
数学の分野で幅広い研究を行い、計算機科学の分野でも現代コンピュータの基礎を考案し、大きな貢献をした。

アインシュタインも認めた大天才

私たちの生活にコンピュータはなくてはならないものだよね。ジョン・フォン・ノイマンは、そんなコンピュータの歴史を語る上で欠かす事の出来ない人物だ。

1903年、ハンガリーで生まれたノイマンは幼い頃から超優秀で、英才教育も手伝って、その才能はどんどん開花。ノイマンが周囲を驚かせた事をザっと紹介しよう。

まず、6歳の時に8桁の掛け算を筆算で行えたんだって。普通、3桁の掛け算でも苦労するよ？ 6歳で8桁ってスゴ過ぎ。さらに、8歳の時には「微分積分」も理解していたそ

うだよ。「微分積分」というのは、日本では高校の数学の授業で習うもの。

$\int_a^b f(x)dx=[F(x)]_a^b=F(b)-F(a)$

こんな式が出てきたり……

$(f(x)\pm g(x))'=f'(x)\pm g'(x)$

こんな式が出てくるんだけど……ワケわからんよね？　これを8歳で理解したって、信じられる!?　とにかく、常人離れした抜群の計算力と記憶力を持つノイマン、大学も掛け持ちで3校に通うほどだったんだ。

大学卒業後、ノイマンはナチスの台頭を懸念して、アメリカに移住。世界最高レベルの

ジョン・フォン・ノイマン（1903-1957）

研究機関、プリンストン高等研究所の所員となる。あのアインシュタイン（↓P26）も同僚だ。**アインシュタインはノイマンを「我々の中で1番頭がいい」と評したっていうんだから、ノイマンの天才ぶりがわかるね。**

実際、ノイマンは多くの分野で功績を残した。その中のひとつが、現在のコンピュータのもととなる電子計算機の開発。それまでのコンピュータは、プログラムやデータを配線でつないで読み込ませていたんだけど、ノイマンは処理するプログラムやデータを前もって主記憶装置（メモリ）に読み込ませておく「プログラム内蔵方式」を提唱。「ハードウェア」と「ソフトウェア」というコンピュータ

の基本構成を考案したんだ。この基本構成は「ノイマン型コンピュータ」と呼ばれ、今あるほとんどのコンピュータに採用されている。

コンピュータを開発した時「世界で2番目に計算が上手な奴が生まれた」という言葉を残したノイマン。世界一の計算上手は、自分自身だというジョークなんだけど、コンピュータをはじめ、物理学や経済学、気象学など多方面で人々の生活を変えるような功績を残した大天才なのは間違いない。でも、その中には、人類の歴史に大きな影を落とすものもあった。日本に落とされた原子爆弾だ。

ノイマンは、第二次世界大戦中にアメリカの原子爆弾開発計画（マンハッタン計画）に参加。爆発をシミュレーションし、放射能の拡散や爆発後の影響も研究した。その結果、ノイマンたちが開発した原子爆弾が多くの命を奪ったのはまぎれもない事実なんだ。

ジョン・フォン・ノイマン（1903-1957）

ここでノイマンの名言！

生み出した物の使い道を決めるのに科学者は適さない

この言葉を名言と言っていいかわからない。科学技術を武器に利用するか、平和に利用するかは、科学者は関与しないとノイマンは言っているんだ。とても残酷で冷酷な言葉だけど、科学技術と平和については、私たち一人ひとりが考える必要がある事を示しているとも言えるんだ。

ノイマンのビックリ特技 マンガでこぼれ話

おわりに

科学者たちの数々のエピソードと名言はどうでしたか？
アインシュタインが受験に失敗していたなんて意外ですよね。
ノーベル賞誕生のきっかけが新聞の誤報記事なんてビックリです。
そして、偉大な発明・発見の物語は、驚きと興奮だけでなく、
たくさんの教訓も与えてくれたのではないでしょうか。

まず、すべての偉業は忍耐と根気の賜物でした。
科学者たちは何度も失敗し、試行錯誤を繰り返しながら、
大きな成果を得ていましたね。
失敗を恐れない事、あきらめない事、チャレンジする事の大切さを
多くの科学者たちが言葉にしていました。

また、好奇心旺盛である事が大事という事も示してくれました。
恵まれた家庭環境でないため学校に通えなくても、
時代に翻弄され、満足に研究に励めなくても、
いつだって彼らは溢れる好奇心を抱き、常識を疑っていました。
それが世界を変える偉業の原動力となったのです。

歴史に名を残す必要はありません。
世界に影響を与える偉業を成さなくてもいいのです。
みなさんは、好奇心を育て、自分だけの夢を追いかけてください。
困難に出会った時は、この本を通じて知った偉人の言葉を
ひとつでも良いので思い出してくれれば嬉しいです。

キッズトリビア倶楽部

新聞・週刊誌等にて活躍するフリーライター集団。メンバー全員が子を持つ親という立場から政治経済から科学、芸術、芸能まで幅広いジャンルの雑学を子どもたちに届けるために結成。

トリバタケハルノブ

キャラクターデザインや子ども向け書籍のカットを中心に活躍。近年の主な仕事として、『戦国ベースボール』シリーズ（集英社みらい文庫）のキャラクターデザイン・表紙絵・挿絵、『のぞき見探偵がゆく』（ジュニアエラ連載）の絵と文、『ことわざたずね旅』（朝日小学生新聞連載）などを手掛けている。

1話3分「名言」から考える こども科学の偉人伝

2024年6月24日　初版第一刷発行

編・キッズトリビア倶楽部
イラスト・トリバタケハルノブ

発行者 ―――― 永松武志
発行所 ―――― えほんの杜
〒112-0013
東京都文京区音羽2-4-2
TEL 03-6690-1796　FAX 03-6675-2454
URL http://ehonnomori.co.jp

印刷・製本 ―― 株式会社シナノ パブリッシング プレス
デザイン ―――― 鈴木徹（THROB）
校閲 ―――― 麦秋新社

乱丁・落丁の場合は、小社までお送りください。
送料は小社負担でお取り替えいたします。

ISBN 978-4-904188-78-1　Printed in Japan